예수님 신비 시리즈 6
KMTS  CORE 13

KB251122

예수님 부활 신비 학교

Jesus' Resurrection Mystery School

부활의 능력과 선교적 사명을 삶으로 배우는 훈련 교재

성경리더십연구원

"어찌하여 살아 있는 자를 죽은 자 가운데서 찾느냐 여기 계시지 않고 살아 나셨느니라" (누가복음 24:5-6)

예수 그리스도의 부활은 기독교 신앙의 심장이며 제자의 삶을 다시 뛰게 하는 하나님의 능력입니다. 십자가가 죄와 사망을 대신 짊어진 구속의 사건 이라면, 부활은 그 구속을 확증하고 완성하신 하나님의 승리 선언입니다. 부 활은 과거의 기념이 아니라 오늘 우리의 존재를 새롭게 하는 현재의 능력이 며, 절망을 소망으로, 두려움을 평강으로 바꾸시는 살아 계신 하나님의 역사 입니다. 부활은 믿음의 결론이 아니라 새로운 시작입니다.

그러나 오늘날 많은 성도들이 부활을 신앙의 교리로는 고백하지만 삶을 움 직이는 실제적 능력으로 경험하지 못한 채 살아가기도 합니다. 부활은 부활 절 예배 속에만 머무는 메시지가 아니라 존재를 변화시키고 공동체를 일으키 며 제자를 세상으로 파송하는 능력입니다. 엠마오로 내려가던 제자들이 다시 예루살렘으로 돌아섰던 것처럼, 부활은 삶의 방향을 바꾸는 사건입니다.

〈예수님 부활 신비 학교〉는 성도들이 부활을 이해하는 데서 나아가 그 능 력을 삶으로 경험하도록 돕기 위해 준비된 제자훈련 교재입니다. 요한복음 20장, 누가복음 24장, 고린도전서 15장, 사도행전 1장을 중심으로 부활의 역사적 증거와 제자들의 변화, 평강의 선물과 성령의 약속, 그리고 사명으로 나아가는 제자의 길을 체계적으로 다루었습니다. 각 강의는 도입 예화와 질문, 성경 묵상, 주제 강의와 적용, 실천 과제를 통해 부활 신앙이 실제 삶의 선택으로 이어지도록 구성되었습니다.

또한 소그룹 나눔과 기도, 선언문을 통해 개인의 깨달음이 공동체의 고백으로 확장되도록 구성하였습니다. 부록에 수록된 부활 증거 자료와 40일 영성 훈련 로드맵, 적용 워크시트, Q&A 핸드북 등은 부활 신앙이 일시적 감동에 머물지 않고 삶의 리듬 속에 뿌리내리도록 돕는 실천적 도구들입니다.

이 교재의 목적은 분명합니다. 성도가 부활하신 주님을 인격적으로 만나 평강 안에 서고, 말씀으로 확신을 세우며, 성령의 권능 안에서 세상으로 파송되는 '부활 제자'로 세워지는 것입니다. 십자가는 제자를 시작하고, 부활은 제자를 세상으로 보냅니다. 사도 바울의 고백처럼 "그의 부활의 권능을 알고자"(빌 3:10) 하는 마음으로, 오늘의 성도들이 부활의 능력 안에서 살아가기를 소망합니다.

성경리더십연구원

교재와 부록 활용 가이드

이 교재는 부활을 단지 교리로 이해하는 데서 멈추지 않고, 성도들이 **부활의 능력을 삶 속에서 경험하도록 돕는 제자훈련 교재**입니다. 부활은 과거의 사건이 아니라 오늘을 새롭 게 하는 하나님의 능력이며, 성도를 두려움에서 평강으로, 낙심에서 사명으로 이끄는 신 앙의 출발점입니다. 각 강의는 말씀 이해, 영적 체험, 삶의 적용, 사명의 실천으로 이어지 도록 구성되어 있으며, 성도들이 부활하신 주님을 만나 '부활 제자'의 삶으로 나아가도록 돕는 것을 목표로 합니다.

01 사용방법

개인 묵상용

- 강의 후 핵심 메시지를 한 문장으로 정리하십시오.
- '오늘의 적용'을 기록하며 말씀을 실제 삶에 연결하십시오.
- 묵상과 기도 노트를 통해 한 주간의 변화를 점검하십시오.
- 완벽함보다 지속적인 실천을 목표로 하십시오.

소그룹 훈련용

- 워크숍 질문을 중심으로 삶의 경험을 나누십시오.
- 설명보다 믿음의 고백과 영적 반응을 이끌어 주십시오.
- 나눔 후 함께 기도하고 선포문으로 마무리하십시오.
- 매주 한 가지 부활 루틴(말씀, 기도, 사랑, 증언)을 함께 실천하십시오.

예배·설교 및 강의 활용

- 각 강의의 핵심 대지는 설교와 제자훈련 강의로 확장할 수 있습니다.
- 적용 질문 후 묵상과 기도로 말씀을 내면화하십시오.
- 감동에서 끝나지 않고 삶의 결단으로 이어지도록 인도하십시오.

02 운영 포인트

- 리더는 정답을 제시하기보다 부활 신앙을 발견하도록 돕는 안내자가 되십시오.
- 나눔의 초점은 지식이 아니라 믿음의 변화에 두십시오.
- 실천 과제는 작게 시작하되 지속적으로 점검하십시오.
- 상황에 따라 연속 운영 또는 압축 운영이 가능합니다.

03 후속 활용

- 부록 자료는 부활 신앙을 삶의 습관으로 정착시키는 도구입니다.
- 개인 묵상, 소그룹 훈련, 제자훈련 과정에 다양하게 활용할 수 있습니다.
- 과정을 마친 후 변화와 결단을 간증이나 신앙 고백으로 정리해 보십시오.
- 가능하다면 이후 사역과 전도 현장에서 부활 신앙을 나누며 제자훈련의 다음 단계로 연결하십시오.

이 교재의 목표

이 교재의 목적은 단순한 배움이 아니라 삶의 변화입니다. 부활은 미래의 소망만이 아니라 오늘을 살아가는 능력이며, 우리를 평강 가운데 세우고 세상 속 증인으로 파송합니다. 이 훈련을 통해 모든 성도가 부활의 능력 안에서 살아가는 제자로 세워지기를 소망합니다.

Table of

Contents

1강	부활	빈 무덤과 첫 목격자들의 증언	_09
2강	부활	닫힌 문을 여신 평강의 주님	_23
3강	부활	사명의 파송과 새로운 시작	_35
4강	부활	성령의 숨과 교회의 시작	_47
5강	부활	의심에서 확신으로	_59
6강	부활	40일 동안 함께하신 주님	_71
7강	부활	죽음을 넘어선 몸과 천국 소망	_83
8강	부활	부활 신앙과 제자도의 삶	_95

부록(Appendices)

부록 1 부활의 성경적·역사적 증거 _108
- 예언과 역사 속에서 부활의 사실성을 확증하는 기초 자료

부록 2 부활 변증 Q&A 핸드북 _110
- 의심을 확신으로 바꾸는 핵심 질문과 답변 정리

부록 3 부활 40일 영성 훈련 로드맵 _113
- 말씀과 기도로 부활 신앙을 삶에 정착시키는 40일 여정

부록 4 부활 확증 체험 워크숍 _118
- 지식을 체험으로 전환하는 공동체 확신 훈련

부록 5 부활 제자도 적용 워크시트 세트 _120
- 평강과 사명을 실제 삶으로 연결하는 실천 도구

부록 6 부활 신앙 7주 제자훈련 로드맵 _122
- 부활 신앙을 제자의 삶으로 완성하는 단계별 성장 구조

예수님 부활 신비 학교

예수님 신비 시리즈 6
(KMTS CORE 13)

01

부활

_ 빈 무덤과 첫 목격자들의 증언

01 빈 무덤과 첫 목격자들의 증언

1945년 4월, 제2차 세계대전이 끝나기 직전 독일 플로센뷔르크 Flossenbürg 강제수용소. 젊은 목사 디트리히 본회퍼 Dietrich Bonhoeffer 는 히틀러 암살 음모에 연루되었다는 이유로 사형을 선고받았습니다. 처형을 앞두고 그는 동료들과 기도하며 마지막 시간을 보냈고, "이것은 끝이 아니라 새로운 시작"이라는 고백을 남겼다고 전해집니다.

그의 고백은 단순한 위로나 종교적 낙관이 아니었습니다. 그것은 예수 그리스도의 부활이 실제 역사 속에서 일어났으며, 죽음조차 마지막이 아니라는 확신에서 나온 믿음의 선언이었습니다. 집행장으로 끌려가면서도 그는 두려움 없이 평안한 얼굴이었고, 주변 사람들에게 오히려 용기와 소망을 전했습니다. 죽음을 향해 걸어가는 순간에도 그는 패배자가 아니라 부활의 증인으로 서 있었습니다.

현장에 있었던 영국 정보 장교 페인 베스트 Payne Best 는 훗날 기록했습니다. "나는 하나님께 온전히 헌신된 사람을 본회퍼에게서 보았다. 그의 죽음은 패배가 아니라 승리였다." 어둠과 죽음이 지배하는 수용소 한가운데서도, 본회퍼의 마지막 발걸음은 부활 신앙이 단지 교리나 사상이 아니라 실제 삶과 죽음을 변화시키는 능력임을 보여주는 살아 있는 증거였습니다. 부활은 먼 신학적 개념이 아니라, 죽음의 자리에서도 소망을 선택하게 만드는 하나님의 현실이었습니다.

 도입 질문 죽음을 끝이 아닌 부활의 시작으로 믿었던 본회퍼처럼, 나는 내 삶의 위기와 고난 속에서도 부활 신앙을 실제로 고백하며 살아가고 있습니까?

요한복음 20:1-2, 6-8 / **성경 본문**

¹ 안식 후 첫날 일찍이 아직 어두울 때에 막달라 마리아가 무덤에 와서 돌이 무덤에서 옮겨진 것을 보고 ² 시몬 베드로와 예수께서 사랑하시던 다른 제자에게 달려가서 말하되 사람들이 주님을 무덤에서 가져다가 어디 두었는지 우리가 알지 못하겠다 하니… ⁶ 시몬 베드로도 따라와서 무덤에 들어가 보니 세마포가 놓였고 ⁷ 또 머리를 쌌던 수건은 세마포와 함께 놓이지 않고 딴 곳에 개켜 두었더라 ⁸ 그 때에 무덤에 먼저 갔던 그 다른 제자도 들어가 보고 믿더라.

1. 막달라 마리아는 무덤에 와서 무엇을 보았으며, 그 사실을 누구에게 알렸습니까? (요 20:1-2)

2. 여인들이 부활의 첫 목격자가 된 사실은 하나님이 어떤 방식으로 역사하심을 보여줍니까? (요 20:1-2; 막 16:1-7)

3. 무덤 안에 남아 있던 세마포와 수건의 모습은 부활 사건이 실제 역사임을 어떻게 보여줍니까? (요 20:6-7)

4. 요한이 "보고 믿었다"는 고백은 오늘 나의 믿음에 어떤 도전을 줍니까?
(요 20:8)

5. 나는 부활을 단순히 아는 신앙에 머물러 있습니까, 아니면 삶 속에서 경험하고 증거하며 살아가고 있습니까? (고전 15:14-17)

01 부활 – 빈 무덤과 첫 목격자들의 증언

서론   예수님의 부활은 기독교 신앙의 기초이며, 초대 교회가 세워진 토대입니다. 십자가의 죽음이 죄 사함을 위한 속죄라면, 부활은 그 구속이 참되다는 하나님의 확증이었습니다 롬 4:25. 사도 바울은 "그리스도께서 다시 살아나지 않으셨다면 우리의 믿음도 헛되고, 우리는 여전히 죄 가운데 있을 것"이라 했습니다 고전 15:17. 따라서 부활은 선택 사항이 아니라 기독교 신앙을 살아있게 하는 심장입니다.

대지 1   부활은 구약 예언의 성취

01   **시편과 선지자 속에 나타난 부활의 약속 :** 예수 그리스도의 부활은 신약 시대에 갑작스럽게 등장한 사건이 아닙니다. 하나님은 오래 전부터 선지자들과 시편 기자들을 통해 메시아의 죽음과 부활을 미리 계시하셨습니다. 다윗은 시편에서 "주는 주의 거룩한 자로 썩지 않게 하실 것" 시 16:10이라 고백했습니다. 사도 베드로는 오순절 선교에서 이 말씀이 다윗 자신의 경험이 아니라 장차 오실 메시아의 부활을 가리킨 것이라 해석했습니다 행 2:25-31. 또한 선지자 호세아는 "이틀 후에 우리를 살리시며 셋째 날에 우리를 일으키시리니" 호 6:2라고 선포하며 하나님의 생명 회복의 역사를 예언했습니다. 이처럼 구약 성경은 단순한 역사 기록이 아니라, 메시아의 사역을 미리 보여주는 예언적 지도와 같습니다. 부활은 예상 밖의 기적이 아니라 하나님의 약속 속에서 이미 준비된 사건이었습니다.

02   **예수님의 사역 속에 드러난 부활의 예고 :** 예수님은 십자가 사건이 일어나기 훨씬 이전부터 자신의 죽음과 부활을 반복해서 말씀하셨습니다. 그는 제자들에게 인자가 고난을 받고 죽임을 당한 후 사흘 만에 다시 살아날 것을 여러 차례 예고하셨습니다 막 8:31;

9:31; 10:34. 그러나 제자들은 그 말씀을 이해하지 못했습니다. 그들은 메시아를 정치적 승리자로 기대했기에 십자가와 부활이라는 하나님의 방식은 받아들이기 어려웠습니다. 십자가 이후 제자들이 절망에 빠졌던 이유도 바로 여기에 있었습니다. 그들은 말씀을 들었지만 아직 깨닫지 못했던 것입니다. 부활은 갑작스러운 반전이 아니라 예수님의 공생애 전체를 관통하는 약속의 완성이었습니다.

03 **성경대로 이루어진 구속사의 필연성 :** 사도 바울은 부활 신앙의 핵심을 설명하면서 두 번 반복하여 강조합니다. "그리스도께서 성경대로 죽으시고 성경대로 살아나셨다"고전 15:3-4. 여기서 중요한 표현은 바로 "성경대로"입니다. 이는 부활이 인간의 기대나 제자들의 상상에서 만들어진 이야기가 아니라, 하나님의 구속 계획 속에서 반드시 이루어질 사건이었음을 의미합니다. 선지자 이사야는 고난받는 종의 죽음을 예언하면서사 53:3-9 동시에 "그의 날은 길 것이요"사 53:10라고 말하며 죽음 이후의 생명을 암시했습니다. 십자가가 죄의 문제를 해결했다면, 부활은 그 구속이 하나님께 의해 확증되었음을 선언합니다.

> **적용 질문** ●
> 나는 삶의 환경보다 하나님의 말씀을 더 신뢰하며 살아가고 있습니까?

대지 2 **부활은 빈 무덤이 증언하는 역사적 사실**

01 **봉인된 무덤과 사라진 시신 :** 예수님이 장사되었던 유대인의 무덤은 단순한 구덩이가 아니라 바위를 파서 만든 동굴 구조였습니다. 입구는 수백 킬로그램에서 1~2톤에 이르는 원형 돌로 막혀 있었으며, 사람이 안쪽에서 쉽게 열 수 없는 형태였습니다. 더욱이 대제사장들과 바리새인들은 예수님의 부활 예언을 기억하고 있었기에 무덤이 조작되는 일을 막기 위해 로마 총독 빌라도에게 요청하여 군병을 배치하고 공식 인봉까지 시행했습니다마 27:62-66. 이러한 철저한 경비 속에서도 안식 후 첫날 아침 무덤은 비어 있

었습니다. 시신은 사라졌지만, 세마포와 머리를 쌌던 수건은 어지럽게 흩어진 것이 아니라 따로 정리된 상태로 남아 있었습니다 요 20:6-7. 빈 무덤은 부활 증거의 출발점이 되었습니다.

02 **부활을 부정하려는 이론들의 한계 :** 예수님의 부활을 부정하기 위해 역사 속에서는 여러 설명이 제기되었습니다. 가장 오래된 주장은 제자들이 시신을 훔쳐 갔다는 도둑설입니다 마 28:13. 그러나 두려움 속에 숨어 있던 제자들이 무장한 로마 군병을 속이고 거대한 돌문을 옮겨 시신을 가져갔다고 보는 것은 현실적으로 설득력이 없습니다. 또한 예수님이 실제로 죽지 않았다는 실신설 역시 십자가 처형 방식과 요한복음의 기록에 의해 반박됩니다. 로마 병사가 창으로 옆구리를 찔렀을 때 피와 물이 흘러나온 사건 요 19:34-35은 이미 죽음이 확인되었음을 보여줍니다. 또 부활을 환각 경험으로 설명하려는 주장도 있지만, 성경은 부활하신 예수님이 개인이 아니라 여러 공동체 앞에 반복적으로 나타나셨으며 한 번에 오백 명 이상에게 나타나셨다고 증언합니다 고전 15:6.

03 **역사 위에 세워진 부활 신앙 :** 기독교 신앙은 단순한 철학이나 도덕 사상이 아니라 역사 속에서 일어난 사건 위에 세워져 있습니다. 만약 무덤이 비어 있지 않았다면 초대 교회의 복음 선포는 시작조차 될 수 없었을 것입니다. 예루살렘 한복판에서 제자들이 담대하게 부활을 선포할 수 있었던 이유는 빈 무덤이라는 부인할 수 없는 사실이 존재했기 때문입니다. 따라서 부활 신앙은 막연한 종교적 감정이 아니라 역사적 현실에 근거한 확신입니다. 기독교는 "믿고 싶어서 믿는 이야기"가 아니라, 하나님께서 역사 속에서 행하신 사건을 믿는 신앙입니다.

> **적용 질문**
> 나는 예수님의 부활을 막연한 종교적 믿음으로 받아들이고 있습니까?
> 아니면 역사 속에서 실제로 일어난 사건으로 확신하며 믿고 있습니까?

대지 3 부활은 첫 목격자들과 제자들의 변화로 확증된 사건

01 **여인들의 증언 – 이름을 부르신 부활의 주님 :** 부활하신 예수님을 가장 먼저 목격한 사람들은 막달라 마리아와 여인들이었습니다 막 16:9. 당시 유대 사회에서 여인의 증언은 법적 효력을 인정받지 못했습니다. 만약 제자들이 부활 이야기를 꾸며냈다면, 사회적으로 불리한 여인을 첫 증인으로 세웠을 가능성은 거의 없습니다. 오히려 이 기록은 복음서가 실제 사건을 있는 그대로 전하고 있음을 보여줍니다.

요한복음은 그 장면을 더욱 섬세하게 기록합니다. 마리아는 빈 무덤 앞에서 울고 있었습니다 요 20:11. 그녀는 부활을 기대하지 않았습니다. 오히려 시신이 옮겨졌다고 생각했습니다. 그러나 예수님은 그녀의 이름을 부르셨습니다. "마리아야" 요 20:16. 그 순간 그녀의 눈이 열렸고, 그녀는 "랍오니" 선생님라 고백합니다. 부활은 단지 무덤이 비어 있다는 사실이 아니라, 이름을 부르시는 만남의 사건이었습니다. 막달라 마리아는 가장 먼저 부활의 주님을 만난 증인이 되었고, 동시에 제자들에게 그 소식을 전한 최초의 전도자가 되었습니다 요 20:18. 하나님은 세상이 주목하지 않던 한 여인을 통해 부활의 기쁜 소식을 시작하셨습니다. 부활은 권력자에게 먼저 나타난 사건이 아니라, 주님을 사모하며 눈물 흘리던 한 여인에게 먼저 찾아오신 사건이었습니다.

02 **제자들의 변화 – 두려움에서 담대함으로 :** 십자가 이후 제자들은 두려움 때문에 문을 닫고 숨어 있었습니다 요 20:19. 그러나 부활하신 예수님을 만난 이후 그들은 완전히 다른 사람이 되었습니다. 베드로는 예루살렘 한복판에서 부활을 담대히 선포했고 행 2:36, 도마는 의심에서 확신으로 변화되어 "나의 주, 나의 하나님" 요 20:28 이라 고백했습니다. 야고보와 바울 역시 부활의 주님을 만난 후 삶의 방향이 근본적으로 바뀌었습니다. 단순한 환상이나 심리적 기대만으로 두려움에 사로잡혔던 사람들이 죽음까지 감수하는

증인으로 변화되기는 어렵습니다. 그래서 제자들의 삶의 변화 자체가 부활 사건의 강력한 역사적 증거가 됩니다.

03 **변화된 삶이 보여주는 부활의 능력** : 부활 신앙은 단순한 교리 이해에 머물지 않습니다. 부활하신 주님을 만난 사람의 삶에는 반드시 변화가 나타납니다. 두려움은 담대함으로, 절망은 소망으로 바뀌며, 신앙은 개인의 확신을 넘어 세상을 향한 증언으로 이어집니다. 초대 교회의 시작은 바로 이러한 변화된 사람들로부터 시작되었습니다. 부활은 죽음 이후의 소망만을 말하는 교리가 아니라, 지금 이 땅에서 새로운 삶을 시작하게 하는 능력입니다. 부활을 믿는 사람은 과거에 묶여 머무르지 않고 하나님이 주시는 새로운 사명과 방향을 향해 살아가게 됩니다. 결국 부활 신앙은 삶의 태도와 선택 속에서 드러나는 살아 있는 믿음입니다.

적용 질문 ●
부활 신앙은 내 삶을 실제로 변화시키고 있습니까?

결론 예수님의 부활은 구약의 예언이 성취된 사건이며, 빈 무덤과 첫 목격자들의 증언으로 역사적으로 검증된 사실입니다. 또한 제자들의 삶을 철저히 변화시킨 능력의 사건입니다. 오늘 우리도 이 부활의 증거 위에 믿음을 세우고, 부활의 능력을 세상 가운데 증거해야 할 것입니다.

핵심 요약

01 부활은 하나님께서 오래전부터 약속하시고 성경대로 이루신 구속사의 성취이다.

02 부활 신앙은 빈 무덤과 역사적 증거 위에 세워진 실제 사건에 대한 믿음이다.

03 부활은 사람의 삶을 두려움에서 사명으로 변화시키는 하나님의 능력이다.

이번 강의에서 주신 하나님의 메시지를 한 문장으로 적어 보세요.
그리고 오늘 내 삶에 어떻게 적용할지 기록하고 기도해 보세요.

✎ **기록 노트**(한 문장 정리)

_____

_____

✎ **적용 노트**(오늘 실천할 다짐)

_____

_____

✎ **기도 노트**(기도문 작성)

_____

_____

소그룹 워크숍

01 나는 예수님의 부활을 단순한 종교 이야기로 이해하고 있습니까? 아니면 실제 역사적 사건으로 믿고 있습니까?

02 구약의 예언이 성취되었다는 사실이 나의 신앙 확신에 어떤 의미를 줍니까?

03 빈 무덤과 제자들의 변화라는 증거가 오늘 나의 믿음을 어떻게 새롭게 할 수 있나요?

04 부활 신앙을 삶 속에서 증거하기 위해 이번 주 내가 실천할 수 있는 한 가지는 무엇일까요?

1 주간 실천 과제

이번 주에는 아래 세 가지 중 최소 한 가지를 실천해 보세요. 다 하면 더 좋습니다!

01 고린도전서 15장 3-4절을 하루 한 번 소리 내어 읽으며 "예수님은 성경대로 살아나셨습니다"라고 고백해본다.

02 요한복음 20장을 읽고, 부활을 믿게 된 제자의 반응 한 장면을 표시하고 묵상한다.

03 이번 주 나의 삶에서 '죽은 것처럼 느껴지는 영역' 한 가지를 적고, 부활의 소망을 붙들고 기도한다.

04 한 사람에게 부활의 소망을 나눌 기회를 의식적으로 만들어본다 (격려 메시지 보내기, 신앙 대화 시도하기, 소망의 말 전하기).

memo

오늘의 암송 구절

"그리스도께서 다시 살아나지 않으셨으면 너희의 믿음도 헛되고 너희가 여전히 죄 가운데 있을 것이요." (고린도전서 15장 17절)

오늘의 기도문

하나님 아버지, 예수님의 부활을 통해 죽음보다 크신 하나님의 능력을 보여주심을 감사드립니다. 부활이 단지 과거의 사건이 아니라 오늘 나의 삶을 새롭게 하는 능력임을 믿게 하소서. 의심보다 확신을 선택하게 하시고, 두려움 대신 소망으로 살아가게 하소서. 부활의 주님을 만난 증인으로 오늘도 담대히 살아가게 하옵소서. 예수님의 이름으로 기도드립니다. 아멘.

오늘의 선포문

"예수님은 살아 계신다!
부활은 사실이다!
나는 오늘도 부활의 능력으로 살아간다!"

지혜의 묵상

"빈 무덤은 끝이 아니라 시작이다.
하나님은 우리의 가장 큰 상실의 자리에서
가장 위대한 새 일을 시작하신다."

예수님 시대 사람들은
왜 '빈 무덤'에 충격을 받았는가?

마 21:1-11

예수님의 부활 사건을 올바르게 이해하기 위해서는 당시 유대 사회의 장례 문화와 무덤 관습을 아는 것이 중요합니다. 초대 교회 성도들이 부활을 단순한 소문이 아니라 실제 사건으로 받아들인 이유는 바로 이 역사적 배경 때문이었습니다.

1. 유대인의 무덤 구조

예수님 시대의 무덤은 땅을 파는 형태가 아니라 바위를 깎아 만든 동굴형 무덤이었습니다. 시신은 돌로 만든 받침 위에 안치되었고, 무덤 입구는 사람 힘으로 쉽게 움직일 수 없는 거대한 원형 돌로 막았습니다. 이 돌문은 장례 외에는 거의 열리지 않았기 때문에, 무덤이 비어 있다는 사실 자체가 당시 사람들에게 매우 충격적인 사건이었습니다.

2. 두 단계로 이루어진 유대 장례

유대인들은 한 번만 장례를 치르지 않았습니다.

· 1차 장례 : 시신을 무덤 안에 안치
· 2차 장례 : 약 1년 후 뼈를 수습하여 석관에 안장

따라서 시신은 일정 기간 반드시 무덤 안에 그대로 있어야 했습니다. 만약 시신이 사라진다면 이는 자연적으로 설명하기 어려운 일이었습니다.

3. 왜 무덤은 굳게 지켜졌는가?

　종교 지도자들은 예수님이 "사흘 만에 살아난다"는 말씀을 기억하고 있었습니다. 그래서 무덤이 조작되는 일을 막기 위해 파수꾼을 세우고 무덤을 철저히 관리했습니다 마 27:65. 즉, 부활은 기대 속에서 만들어진 사건이 아니라 감시와 경계 속에서 발생한 사건이었습니다.

4. 빈 무덤을 처음 마주한 사람

　빈 무덤을 가장 먼저 발견한 사람은 막달라 마리아였습니다요 20:1-18. 그녀는 예수님의 은혜를 깊이 경험한 제자로서 새벽에 무덤을 찾았습니다. 주님께서 사회적으로 영향력 있는 인물이 아니라 한 여인을 첫 증인으로 세우신 사실은, 부활 사건이 인간의 계산이 아니라 하나님의 방식으로 이루어졌음을 보여줍니다.

핵심 이해

당시 사람들에게 빈 무덤은 단순한 종교적 상징이 아니라 설명할 수 없는 역사적 현실이었습니다. 그래서 초대 교회는 부활을 신앙적 상상으로 받아들인 것이 아니라, 실제로 일어난 사건에 대한 확신으로 선포하게 되었습니다.

예수님 부활 신비 학교

부활

_ 닫힌 문을 여신 주님의 평강

02

닫힌 문을 여신 주님의 평강

제2차 세계대전 당시, 네덜란드의 그리스도인 여성 코리 텐 붐Corrie ten Boom은 유대인을 숨겨주다가 체포되어 독일의 라벤스브뤼크 강제수용소 Ravensbrück Concentration Camp에 수감되었습니다. 쇠창살과 철문으로 완전히 닫힌 막사 안에서 수감자들은 매일 죽음의 공포 속에 살아가고 있었습니다. 굶주림과 폭력, 끝없는 두려움 속에서 사람들의 마음은 점점 무너져 갔습니다.

그러나 코리 텐 붐과 그녀의 언니 베치 텐 붐Betsie ten Boom은 몰래 가져온 작은 성경을 중심으로 밤마다 사람들을 모아 기도와 말씀 나눔을 시작했습니다. 놀랍게도 그들이 있던 막사는 벼룩이 너무 많아 간수들이 자주 들어오지 않았고, 그 덕분에 수감자들은 자유롭게 예배를 드릴 수 있었습니다. 코리는 훗날 이렇게 고백했습니다. "감옥의 문은 닫혀 있었지만, 우리의 마음에는 하나님이 주시는 평강이 있었습니다."

밖의 현실은 변하지 않았지만, 닫힌 공간 한가운데서 사람들은 설명할수 없는 평안을 경험했습니다. 죽음이 가까이 있었지만, 부활의 소망이 두려움을 넘어섰기 때문입니다. 부활하신 주님께서 두려움에 잠겨 문을 닫고 있던 제자들 가운데 찾아오셨던 것처럼요 20:19, 하나님은 가장 닫힌 자리에서도 평강을 주시는 분이심을 이 사건은 보여줍니다.

 도입질문 나는 지금 어떤 '닫힌 문' 안에 서 있습니까? 환경은 여전히 두렵고 상황은 변하지 않았을지라도, 부활하신 주님이 주시는 평강을 실제로 경험하며 살아가고 있습니까?

요한복음 20:19-21 **성경 본문**

¹⁹ 이 날 곧 안식 후 첫날 저녁때에 제자들이 유대인들을 두려워하여 모인 곳의 문들을 닫았더니 예수께서 오사 가운데 서서 이르시되 너희에게 평강이 있을지어다 하시고 ²⁰ 이 말씀을 하시고 손과 옆구리를 보이시니 제자들이 주를 보고 기뻐하더라 ²¹ 예수께서 또 이르시되 너희에게 평강이 있을지어다 아버지께서 나를 보내신 것 같이 나도 너희를 보내노라

1. 제자들이 문을 닫고 숨어 있었던 상황은 오늘 우리의 두려움과 어떻게 연결됩니까? (요 20:19)

_____

_____

2. 예수님이 나타나셔서 "평강이 있을지어다"라고 말씀하신 의미는 무엇입니까? (요 20:19; 요 14:27)

_____

_____

3. 주님이 손과 옆구리를 보여주신 행위는 평강과 어떤 관계가 있습니까?
(요 20:20; 사 53:5)

_____

_____

4. 부활의 평강은 단순한 마음의 위로가 아니라 어떤 변화와 기쁨을 주었습니까? (요 20:20; 빌 4:6-7)

_____

_____

5. 나의 삶에서 두려움과 혼란 속에서도 부활하신 주님이 주시는 평강을 경험한 적은 언제였습니까? (골 3:15; 사 26:3)

_____

_____

2 부활 – 닫힌 문을 여신 주님의 평강

서론 예수님을 잃은 제자들은 두려움과 절망 속에 닫힌 방에 숨어 있었습니다. 십자가의 충격은 그들의 마음을 무너뜨렸고, 미래에 대한 소망마저 빼앗아 갔습니다. 그러나 그 순간 부활하신 주님께서 그들 가운데 나타나셔서 가장 먼저 하신 말씀은 "너희에게 평강이 있을지어다"요 20:19였습니다. 이는 단순한 위로의 인사가 아니라, 죽음을 이기고 부활하신 주님이 주시는 새로운 삶의 선언이었습니다. 오늘 우리도 혼란 속에 살아가지만, 부활의 주님의 평강은 여전히 동일하게 우리의 삶을 붙잡고 있습니다.

대지 1

부활의 평강 – 닫힌 문 안에 찾아오신 주님의 임재

01 **제자들의 상황 :** 제자들은 유대인들을 두려워하여 문을 굳게 잠근 채 숨어 있었습니다요 20:19. 십자가의 충격은 단순한 슬픔이 아니라 모든 기대가 무너진 사건이었습니다. 그들은 스승을 잃었고, 자신들의 미래 역시 끝났다고 생각했습니다. 언제 체포될지 모른다는 공포가 그들의 마음을 사로잡았고, 두려움은 점점 그들의 시야와 생각을 좁혀 갔습니다. 절망은 외부 상황보다 그 상황을 해석하는 마음에서 더 크게 자랍니다. 우리 역시 실패의 기억, 사람들의 시선, 불확실한 미래 앞에서 마음의 문을 닫아버릴 때가 있습니다. 겉으로는 살아가지만 내면은 숨고 있는 상태, 그것이 바로 '닫힌 방'의 신앙입니다시 55:4-5.

02 **주님의 임재 :** 그럼에도 부활하신 주님은 닫힌 문을 통과하여 제자들 가운데 서셨습니다요 20:19. 문은 굳게 잠겨 있었지만 주님의 임재를 막을 수는 없었습니다. 이는 부활이 단순한 영적 상징이 아니라 시간과 공간의 한계를 초월하는 실제 사건임을 보여줍니

다계 1:17-18. 갑작스럽게 나타난 주님을 보고 제자들은 놀라고 두려워했습니다. 아무도 문을 열지 않았기에 그들은 주님을 영으로 생각했습니다녹 24:37. 쉽게 말해 귀신을 본 줄 알고 두려워했던 것입니다.

제자들의 마음을 아신 주님은 말씀하셨습니다. "어찌하여 두려워하며 어찌하여 마음에 의심이 일어나느냐. 내 손과 발을 보고 나인 줄 알라. 또 나를 만져 보라"녹 24:38-39. 주님은 환상이 아니라 실제 몸으로 부활하셨음을 보여주셨습니다. 귀신은 살과 뼈가 없지만, 부활하신 예수님은 손과 발과 몸을 지니신 영광의 몸으로 서 계셨습니다요 20:20. 이 나타나심은 놀라운 경험을 주기 위함이 아니라 십자가에서 죽으신 바로 그 예수님이 살아나셨음을 확증하기 위한 것이었습니다. 오늘도 주님은 우리가 강할 때가 아니라 가장 연약한 자리로 찾아오십니다. 닫힌 마음조차 주님의 평강 앞에서는 더 이상 장벽이 될 수 없습니다빌 4:6-7.

03

두려움을 넘어서는 약속 : 부활의 평강은 환경이 바뀌어서 생기는 감정이 아닙니다. 세상은 여전히 불안하고 위협은 사라지지 않았지만, 주님의 임재가 제자들의 마음을 새롭게 했습니다요 16:33. 하나님이 함께하신다는 사실이 두려움을 넘어서는 근거가 되었습니다. 주님이 주시는 평강은 상황을 즉시 바꾸는 약속이 아니라, 상황 속에서도 마음을 붙들어 주시는 하나님의 임재의 선물입니다. 두려움이 사라져서 평강이 오는 것이 아니라, 주님의 임재가 임할 때 두려움이 더 이상 우리의 삶을 지배하지 못하게 됩니다. 참된 평강은 문제의 부재가 아니라 하나님의 동행에서 시작됩니다사 41:10. 그러므로 그리스도인의 평강은 고난이 끝난 뒤에 오는 보상이 아니라, 고난 속에서도 이미 주어진 하나님 나라의 선물입니다롬 14:17. 부활의 주님은 오늘도 우리의 닫힌 자리 한가운데 서서 동일한 평강을 선포하십니다.

적용 질문
나는 어떤 두려움 때문에 마음의 문을 걸어 잠그고 있습니까?

부활의 평강 - 십자가의 상처 위에 세워짐

대지 2

01 **십자가의 흔적 :** 예수님은 제자들 앞에서 손과 옆구리를 보여주셨습니다 요 20:20. 이는 단순한 확인을 넘어 십자가의 죽음이 실제였음을 증명하는 사건이었습니다. 부활하신 주님은 상처 없는 영광의 모습으로만 나타나지 않으셨습니다. 오히려 십 자가의 흔적을 그대로 지니신 채 제자들 앞에 서셨습니다. 그 상처는 고통의 기억이 아니라 구원의 증거였습니다. 세상이 패배라고 판단했던 십자가가 하나님 나라에서는 승리의 표식이 되었음을 보여주는 장면입니다 사53:5. 부활은 십자가를 지워버린 사건이 아니라, 십자가의 의미를 완성한 사건이었습니다 이러한 진리를 가리켜 존 스토트 John Stott는 "기독교의 하나님은 고통에서 멀리 떨어진 분이 아니라, 십자가 위에서 고통을 함께 짊어지신 하나님이다"라고 말했습니다. 그래서 제자들은 상처 속에서 두려움이 아니라 확신을 발견하게 되었습니다.

02 **평강의 근거:** 부활의 평강은 현실을 외면하게 만드는 위로가 아닙니다. 주님은 단지 "걱정하지 말라"고 말씀하지 않으셨습니다. 대신 십자가의 흔적을 통해 죄와 사망의 문제가 이미 해결되었음을 보여주셨습니다 롬 5:1. 평강은 감정의 안정에서 시작되는 것이 아니라 구속 사건의 완성에서 시작됩니다. 십자가와 부활은 하나님과 인간 사이의 화해가 이루어졌음을 선언합니다. 그러므로 우리가 누리는 평강은 환경이 좋아서 생기는 심리적 상태가 아니라, 하나님과의 관계가 회복되었다는 객관적 사실 위에 세워진 것입니다. 세상이 흔들려도 평강이 사라지지 않는 이유는 그 근거가 상황이 아니라 주님의 승리에 있기 때문입니다 고전 15:55-57.

03 **기쁨으로 변한 두려움 :** 제자들은 주님의 상처를 본 후 크게 기뻐했습니다 요 20:20. 그들의 상황은 여전히 위험했지만 마음의 중심이 완전히 바뀌었습니다. 부활하신 주님을 만난 순간 두려움은 사라진 것이 아니라 더 이상 그들을 지배하지 못하게 되었습니

다. 이 기쁨은 순간적인 감정이 아니라 삶의 방향이 바뀌는 경험이었습니다^{벧전 1:8-9}. 절망의 기억이 소망의 간증으로 변하고, 실패의 경험이 사명의 출발점이 되었습니다. 주님이 주시는 평강은 눈물을 멈추게 하는 위로가 아니라 삶을 새롭게 바라보게 하는 능력입니다^{시 30:11; 요 16:20}.

적용 질문 ●
나는 주님의 십자가와 부활이 주는 확실한 평강의 근거 위에 서 있습니까?

3 **부활의 평강 – 담대함과 증인의 삶으로 이끄는 능력**

01
평강이 여는 새로운 시작 : 부활하신 주님은 다시 한번 "너희에게 평강이 있을지어다"^{요 20:21}라고 말씀하셨습니다. 이는 단순한 반복 인사가 아니라 두려움으로 멈춰 있던 삶이 끝나고 새로운 역사가 시작되었음을 알리는 선언이었습니다. 제자들의 과거 실패와 도망의 기억은 더 이상 그들의 정체성을 규정하지 못했습니다. 주님의 평강은 과거를 정죄하지 않고 미래를 열어 주는 은혜였습니다. 그 평강 속에서 제자들은 다시 부름받은 존재가 되었고, 무너졌던 소명이 회복되기 시작했습니다. 부활의 평강은 끝났다고 생각했던 자리에서 새로운 시작을 가능하게 합니다.

02
두려움을 이기는 담대함 : 평강을 경험한 제자들은 더 이상 숨은 사람들이 아니었습니다. 주님의 임재가 그들의 내면을 변화시켰기 때문입니다. 외부 환경은 달라지지 않았지만 그들의 시선이 달라졌습니다. 두려움보다 주님의 동행이 더 크게 보이기 시작한 것입니다^{시 27:1}. 참된 담대함은 성격이나 용기에서 나오지 않습니다. 부활하신 주님이 살아 계시며 함께하신다는 확신에서 나옵니다. 그래서 평강은 단순한 안정이 아니라 행동을 변화시키는 힘입니다. 평강을 경험한 사람은 더 이상 상황에 묶이지 않고 믿음으로 움직이기 시작합니다^{행 4:13}.

03 **평강에서 시작되는 증인의 삶 :** 주님은 평강을 주신 후 곧바로 "나도 너희를 보내노라" 요 20:21 말씀하셨습니다. 평강은 머무르기 위한 선물이 아니라 세상으로 나아가기 위한 준비였습니다. 제자들은 먼저 평강을 받고, 그 다음 사명을 받았습니다. 부활의 평강은 개인적인 위로로 끝나지 않습니다. 그것은 세상을 향해 흘러가야 할 하나님 나라의 능력입니다 행 1:8. 평강을 경험한 사람은 결국 평강의 통로가 됩니다. 두려움 속에 있던 제자들이 복음의 증인이 되었던 것처럼, 오늘 우리 역시 주님의 평강 안에서 담대히 살아가도록 부름받았습니다.

적용 질문
나는 주님의 평강을 두려움에서 벗어나 담대함으로 나아가는 힘으로 붙들고 있습니까?

결론 부활하신 주님은 두려움 속에 숨어 있던 제자들 가운데 찾아오셔서 평강을 선포하셨습니다. 그 평강은 상황이 해결되어 얻는 위로가 아니라, 십자가와 부활의 승리 위에 세워진 하나님의 선물이었습니다. 주님의 평강은 닫힌 마음을 열고 두려움을 담대함으로 변화시키는 능력입니다. 오늘도 부활의 주님은 우리의 삶 가운데 찾아오셔서 동일하게 말씀하십니다. **"너희에게 평강이 있을지어다."** 이제 우리는 그 평강을 붙들고 세상 속에서 담대히 살아가는 증인의 삶으로 나아가야 합니다

핵심 요약

01 부활의 평강은 두려움 속에 찾아오시는 주님의 임재에서 시작되는 은혜이다.

02 부활의 평강은 십자가의 상처와 구원의 완성 위에 세워진 확실한 근거이다.

03 부활의 평강은 성도를 닫힌 삶에서 세상으로 보내는 사명의 능력이다.

이번 강의에서 주신 하나님의 메시지를 한 문장으로 적어 보세요.
그리고 오늘 내 삶에 어떻게 적용할지 기록하고 기도해 보세요.

✎ **기록 노트**(한 문장 정리)

....

....

✎ **적용 노트**(오늘 실천할 다짐)

....

....

✎ **기도 노트**(기도문 작성)

....

....

....

소그룹 워크숍

01 제자들이 닫힌 문 안에서 두려움에 묶여 있던 모습은 오늘 우리의 어떤
모습과 닮아 있습니까?

02 예수님께서 "너희에게 평강이 있을지어다"라고 선포하신 말씀은 내 삶
의 어떤 두려움에 가장 필요합니까?

03 십자가의 상처에서 흘러나온 평강이 오늘 내 삶의 상처와 어떻게 연결된
다고 생각합니까?

04 부활의 평강을 붙들고 세상 속으로 나아가기 위해, 이번 주 내가 실천할
수 있는 작은 순종은 무엇입니까?

2 주간 실천 과제

이번 주에는 아래 세 가지 중 최소 한 가지를 실천해 보세요. 다 하면 더 좋습니다!

01 하루 세 번 "주님은 나의 평강이시다" 요 14:27 를 선포하며 마음을 주님께 돌린다.

02 이번 주 두려움을 느낀 순간 하나를 기록하고, 그 위에 빌립보서 4장 7절 말씀을 적어 붙든다.

03 하나님이 주신 평강을 경험한 간증을 짧게 정리하여 한 사람과 나눈다.

04 하루 10분 '샬롬 기도'를 드리며 염려와 불안을 주님께 맡긴다.

➡ 평강은 생각으로 만들어지는 것이 아니라 반복되는 영적 훈련 속에서 자랍니다.

memo

오늘의 암송 구절

"예수께서 오사 가운데 서서 이르시되 너희에게 평강이 있을지 어다." (요한복음 20장 19절)

오늘의 기도문

평강의 부활의 주님, 두려움 속에 숨어 있던 제자들 가운데 찾아오셨던 것처럼 오늘 우리 공동체 가운데 임하여 주옵소서. 세상의 불안과 염려가 아니라 주님이 주시는 참된 샬롬 위에 서게 하시고, 이 평강으로 세상 한복판에서 부활의 증인으로 살아가게 하옵소서. 예수님의 이름으로 기도합니다. 아멘.

오늘의 선포문

"주님이 주신 평강이 나를 지킨다!

두려움은 떠나갔다!

나는 부활의 증인으로 담대히 나아간다!"

지혜의 묵상

"부활은 멀리서 증명되는 사건이 아니라 이름을 불러 주실 때 깨닫게 되는 만남이다.

주님이 나를 부르실 때 눈물이 믿음으로 바뀐다."

예수님 부활 신비 학교

03

부활

_ 사명의 파송과 새로운 시작

03 사명의 파송과 새로운 시작

중국 교회의 지도자 왕밍다오 Wang Ming-Dao, 1900-1991는 '신앙의 거인'이라 불렸습니다. 그러나 그의 삶은 순탄하지 않았습니다. 공산 정권 아래에서 그는 복음을 담대히 전하다 투옥되었고, 감옥에서 20년 넘게 고문과 심문을 견뎌야 했습니다. 처음에는 혹독한 고문 앞에 두려움이 밀려와 한 차례 믿음을 부인하기도 했습니다. 하지만 그 순간 그는 자신이 가장 큰 실패자임을 깨닫고 통곡하며 회개했습니다.

그 후 그는 다시는 물러서지 않겠다는 결단으로 감옥의 긴 세월을 버텼습니다. 먹을 것조차 변변치 않은 좁은 감방에서, 그는 매일같이 기도와 찬송으로 버텼습니다. 쇠창살 너머로 들려오는 군인들의 발자국 소리, 어둠과 외로움이 짓누르는 공간에서도 그는 한 가지 확신을 붙들었습니다. "주님은 살아계시다. 부활의 주님이 오늘도 나와 함께하신다." 그는 훗날 이렇게 증언했습니다. "감옥은 내 몸을 가둘 수 있었지만, 내 영혼을 가둘 수는 없었습니다. 나는 오히려 그곳에서 부활의 주님과 가장 깊은 교제를 나누었습니다. 세상은 나를 죄수로 만들었으나, 주님은 나를 복음의 증인으로 세우셨습니다." 세상은 그를 감옥에 가두었지만, 부활의 주님은 그를 멈추지 않으셨습니다. 감옥은 그의 사명을 끝낸 곳이 아니라, 오히려 하나님께 다시 파송받는 자리였습니다.

도입 질문 왕밍다오 목사처럼, 나는 내 삶의 억압과 고난 속에서도 부활 주님이 주시는 자유와 사명을 실제로 경험하고 있습니까?

요한복음 20:21-22

²¹ 예수께서 또 이르시되 너희에게 평강이 있을지어다 아버지께서 나를 보내신 것 같이 나도 너희를 보내노라 ²² 이 말씀을 하시고 그들을 향하사 숨을 내쉬며 이르시되 성령을 받으라.

1. 예수님은 왜 평강을 선포하신 후에 곧바로 "나도 너희를 보내노라"고 말씀하셨을까요? (요 20:21; 마 28:19-20)

---

2. "아버지께서 나를 보내신 것 같이"라는 말씀은 우리 사명의 성격과 본질을 어떻게 보여줍니까? (요 17:18; 고후 5:18-20)

---

3. 부활 사건은 제자들의 사명 이해에 어떤 변화를 주었습니까?

(행 1:8; 행 2:32-33)

---

4. 성령의 숨결과 사명의 파송은 어떤 관계가 있습니까? (요 20:22; 행 4:31)

---

5. 나는 내 삶의 자리(가정·직장·교회·사회)를 주님이 나를 보내신 '선교지'로 인식하고 있습니까? (마 5:14-16)

---

03 부활 – 사명의 파송과 새로운 시작

서론　　부활하신 주님은 두려움 속에 숨어 있던 제자들에게 평강을 주신 후 곧바로 말씀하셨습니다. "아버지께서 나를 보내신 것 같이 나도 너희를 보내노라"(요 20:21). 부활은 단지 슬픔을 위로하는 사건이 아니었습니다. 그것은 멈춘 제자들을 다시 세상으로 일으켜 세우는 파송의 순간이었습니다. 십자가 앞에서 무너졌던 제자들은 부활 앞에서 다시 사명을 받은 사람이 되었습니다.

대지 1　부활은 우리를 세상으로 파송하신다

01　**두려움 속에 있던 제자들 :** 요한복음 20장은 매우 현실적인 장면으로 시작됩니다. 제자들은 유대인들이 두려워 문을 걸어 잠근 채 숨어 있었습니다요 20:19. 그들은 실패했습니다. 도망쳤습니다막 14:50. 십자가 앞에서 무너졌습니다눅 22:61-62. 부활 소식을 들었지만 여전히 삶은 움직이지 못했습니다. 많은 성도들이 이 지점에 머뭅니다. 믿음은 있지만 방향이 멈춘 상태입니다. 주님을 사랑하지만 세상으로 나갈 용기는 없습니다. 바로 그 자리, 닫힌 문 안으로 주님이 들어오셨습니다. 주님은 제자들이 준비될 때까지 기다리지 않으셨습니다. 오히려 가장 연약한 순간에 찾아오셨습니다사 42:3. 오늘 우리의 닫힌 삶의 자리 역시 주님이 찾아오시는 부활의 현장이 됩니다히 13:5.

02　**"보내노라" – 사도의 시작 :** 주님은 먼저 평강을 주신 후 말씀하셨습니다. "나도 너희를 보내노라"요 20:21. 여기서 '보낸다'는 말은 헬라어 아포스텔로ἀποστέλλω에서 나왔습니다. 이 단어에서 사도 ἀπόστολος, 아포스톨로스라는 말이 파생되었습니다. 사도는 특별한 직

분 이전에 보냄 받은 존재를 의미합니다. 즉 제자들은 이제 배우는 사람에서 보내심 받은 사람으로 변화된 것입니다. 부활은 제자들을 관객으로 남겨두지 않았습니다. 그들을 역사 속으로 파송했습니다 마 28:19-20. 부활 신앙의 특징은 머무름이 아니라 움직임입니다. 예수님은 제자들을 세상에서 분리시키기 위해 부르신 것이 아니라 세상 속으로 보내기 위해 부르셨습니다 요 17:18. 부활 이후 제자들은 예루살렘을 넘어 유대와 사마리아와 땅끝까지 나아가게 됩니다 행 1:8.

03 **파송은 회복의 선언이다 :** 놀라운 사실은 주님이 완벽한 사람을 보내신 것이 아니라는 점입니다. 도망쳤던 사람, 의심했던 사람, 실패했던 사람을 보내셨습니다. 부활은 과거를 묻지 않습니다. 부활은 미래를 맡깁니다. 주님은 실패를 끝으로 보지 않으시고 사명의 출발점으로 사용하십니다 롬 8:28. 부활의 파송은 심판의 명령이 아니라 회복의 선언입니다. 베드로는 넘어졌지만 다시 세움을 받았습니다 요 21:15-17. 하나님은 상한 갈대를 꺾지 않으시며 꺼져가는 심지를 끄지 않으십니다 사 42:3. 그래서 부활은 "다시 시작하라"는 하나님의 초대입니다. 우리의 연약함 속에서도 하나님의 능력이 온전해집니다 고후 12:9.

> **적용 질문**
> 나는 아직 준비되지 않았다는 이유로 사명을 미루고 있지는 않습니까?

대지 2 부활은 우리 정체성을 증인으로 바꾼다

01 **두려운 제자에서 증인으로 :** 부활 이전의 베드로는 사람들 앞에서 예수님을 부인했습니다 마 26:69-75. 그러나 부활 이후 그는 예루살렘 한복판에서 담대히 복음을 선포했습니다 행 2:36. 무엇이 달라졌습니까? 환경이 아닙니다. 권력이 아닙니다. 부활하신 주님을 만난 경험이었습니다. 증인이라는 말은 헬라어 마르튀스μάρτυς에서 파생되었습니다. 이 단어는 훗날 '순교자'라는 뜻으로 사용됩

니다. 증인은 정보를 전달하는 사람이 아니라 삶으로 진리를 증명하는 사람입니다.

　예수님은 부활 후 제자들에게 말씀하셨습니다. "너희는 이 모든 일의 증인이라"눅 24:48. 또한 "오직 성령이 너희에게 임하시면 너희가 권능을 받고 내 증인이 되리라"행 1:8라고 선언하셨습니다. 부활은 제자들에게 새로운 지식을 준 사건이 아니라 새로운 사명자가 되게 한 사건이었습니다. 부활을 만난 사람은 더 이상 침묵할 수 없습니다. 살아 계신 주님을 경험한 삶 자체가 증거가 되기 때문입니다요 15:27.

02 **사명의 방향 – 안에서 밖으로 :** 예수님은 제자들을 모아 두기 위해 부르신 것이 아닙니다. 세상으로 보내기 위해 부르셨습니다요 17:18. 복음은 언제나 중심에서 주변으로, 안에서 밖으로 흘러갑니다 : 예루살렘 → 유대 → 사마리아 → 땅끝행 1:8. 초대교회는 건물을 중심으로 성장하지 않았습니다. 보내심 받은 사람들을 통해 확장되었습니다행 8:4. 교회는 모임이지만 동시에 파송입니다. 신앙은 보호받는 공간이 아니라 세상을 향해 흘러가는 생명입니다. 예수님은 "세상의 빛"마 5:14이라 부르시며 빛이 숨겨지는 것이 아니라 비추기 위해 존재한다고 말씀하셨습니다. 부활 신앙은 예배당에서 완성되지 않습니다. 삶의 현장에서 살아낼 때 비로소 완성됩니다. 부활은 우리를 머무는 신앙에서 움직이는 신앙으로 전환시키는 하나님의 능력입니다.

03 **사명은 삶의 자리에서 시작된다 :** 사명은 거창한 사역 이전에 삶의 방향입니다. 가정에서, 직장에서, 관계 속에서 우리는 이미 보내심 받은 사람입니다. 사람이라는 말은 헬라어 안드로포스 ἄνθρωπος에서 파생되었으며, 하나님 앞에 서 있는 존재를 의미합니다. 즉 우리의 일상 자체가 하나님 앞에서 살아가는 선교 현장입니다. 사도 바울은 "너희가 무엇을 하든지 다 하나님의 영광을 위하여 하라"고전 10:31고 말합니다. 또한 우리는 "그리스도를 대신하여 사신이 된 자"고후 5:20라고 선언합니다. 이는 특별한 장소

가 아니라 삶 자체가 사명의 자리임을 보여줍니다. 하나님은 먼 곳으로 가기 전에 지금 서 있는 자리에서 충성된 증인이 되기를 원하십니다눅 16:10.

적용 질문 ●
나는 지금 서 있는 자리를 하나님이 보내신 사명의 자리로 보고 있습니까?

대지 3

부활은 실패한 삶도 다시 시작하게 한다

01 **실패자를 다시 부르시는 주님 :** 베드로는 세 번 주님을 부인했습니다눅 22:61-62. 그는 통곡했고, 스스로를 실패자로 여겼을 것입니다. 그러나 부활하신 주님은 그를 먼저 찾아오셨습니다요 21:15-17. 주님은 그의 과거를 정죄하지 않으셨습니다. 오직 한 가지를 물으셨습니다. "네가 나를 사랑하느냐?" 부활은 실패의 심판이 아니라 관계의 회복입니다. 주님은 넘어졌던 사람을 다시 세우십니다. 그분은 상한 갈대를 꺾지 않으시고 꺼져가는 심지를 끄지 않으십니다사 42:3. 베드로의 눈물은 그의 끝이 아니라 시작이 되었습니다. 부활은 우리의 실패보다 하나님의 사랑이 더 크다는 선언입니다롬 8:1. 실패는 우리의 정체성을 결정하지 못합니다. 부활의 주님이 우리의 미래를 결정하십니다.

02 **부활은 소명의 갱신이다 :** 사도 바울 역시 교회를 핍박하던 사람이었습니다. 그러나 부활의 주님을 만난 후 그는 완전히 다른 삶을 살게 되었습니다행 9:15. 그는 고백합니다. "나의 나 된 것은 하나님의 은혜로 된 것이라"고전 15:10. 그의 과거는 사명의 장애물이 아니라 하나님의 은혜를 증명하는 도구가 되었습니다. 부활 신앙은 과거의 나를 붙드는 신앙이 아니라 새롭게 부름 받은 나로 살아가는 신앙입니다고후 5:17. 소명은 한 번의 사건이 아니라 계속 새로워지는 부르심입니다애 3:22-23. 하나님은 어제의 실패를 오늘의 간증으로 바꾸시는 분입니다. 부활은 인생을 다시 쓰시는 하나님의 은혜의 펜입니다.

03 **사명은 다시 시작하는 용기이다 :** 주님은 완벽해진 후 보내지 않으십니다. 동행하시기 위해 보내십니다 마 28:20. 그래서 사명은 부담이 아니라 선물입니다. 부활은 끝났던 인생에 다시 시작할 이유를 줍니다. 어제의 실패가 오늘의 사명을 막지 못합니다. 부활의 주님이 살아 계시기 때문입니다. 하나님은 "두려워하지 말라 내가 너와 함께 함이라" 사 41:10 말씀하시며 다시 일어서라고 부르십니다. 의인은 일곱 번 넘어질지라도 다시 일어납니다 잠 24:16. 사명은 완벽함에서 시작되지 않습니다. 용기에서 시작됩니다. 그리고 그 용기는 부활의 주님이 함께하신다는 확신에서 나옵니다. 부활은 우리에게 새로운 기회를 주는 사건이 아니라, 새로운 인생을 여는 하나님의 능력입니다.

> **적용 질문**
> 나는 과거의 실패 때문에 하나님이 주신 사명을 멈춰 세우고 있지는 않습니까?

결론 부활은 단순한 기적이 아니라 파송의 사건입니다. 주님은 두려움 속에 있던 제자들에게 평강을 주신 후 곧바로 세상으로 보내셨습니다. 부활 신앙은 머무는 믿음이 아니라 보내심 받는 믿음입니다. 실패를 붙들고 멈춰 있는 삶이 아니라, 은혜를 붙들고 다시 시작하는 삶입니다. 우리는 닫힌 문을 열고 두려움을 넘어, 삶의 자리에서 다시 시작하도록 초대받았습니다. 부활은 어제의 이야기가 아닙니다. 오늘 우리를 일으켜 세우는 현재의 능력입니다 빌 3:10. 살아 계신 주님이 함께하시기에 우리는 다시 시작할 수 있습니다.

핵심 요약

01 부활은 위로가 아니라 파송의 시작이다.

02 부활은 우리의 정체성을 증인으로 변화시킨다.

03 부활은 실패한 사람을 다시 사명자로 세운다.

이번 강의에서 주신 하나님의 메시지를 한 문장으로 적어 보세요.
그리고 오늘 내 삶에 어떻게 적용할지 기록하고 기도해 보세요.

✍ **기록 노트**(한 문장 정리)

ㅡㅡㅡㅡㅡㅡㅡㅡㅡㅡㅡㅡㅡㅡㅡㅡㅡㅡㅡㅡㅡ

ㅡㅡㅡㅡㅡㅡㅡㅡㅡㅡㅡㅡㅡㅡㅡㅡㅡㅡㅡㅡㅡ

✍ **적용 노트**(오늘 실천할 다짐)

ㅡㅡㅡㅡㅡㅡㅡㅡㅡㅡㅡㅡㅡㅡㅡㅡㅡㅡㅡㅡㅡ

ㅡㅡㅡㅡㅡㅡㅡㅡㅡㅡㅡㅡㅡㅡㅡㅡㅡㅡㅡㅡㅡ

✍ **기도 노트**(기도문 작성)

ㅡㅡㅡㅡㅡㅡㅡㅡㅡㅡㅡㅡㅡㅡㅡㅡㅡㅡㅡㅡㅡ

ㅡㅡㅡㅡㅡㅡㅡㅡㅡㅡㅡㅡㅡㅡㅡㅡㅡㅡㅡㅡㅡ

ㅡㅡㅡㅡㅡㅡㅡㅡㅡㅡㅡㅡㅡㅡㅡㅡㅡㅡㅡㅡㅡ

소그룹 워크숍

01 예수님께서 "아버지께서 나를 보내신 것 같이"라고 하신 말씀은 나의 사명을 어떻게 정의해 줍니까?

02 나는 두려움 때문에 멈춰 있었던 경험이 있습니까? 부활 신앙은 그 상황을 어떻게 바꿀 수 있습니까?

03 베드로의 회복 이야기는 실패한 사람을 바라보는 나의 시각을 어떻게 변화시킵니까?

04 이번 주 내가 '보내심 받은 증인'으로 살아갈 가장 구체적인 한 걸음은 무엇입니까?

3 주간 실천 과제

이번 주에는 아래 세 가지 중 최소 한 가지를 실천해 보세요. 다 하면 더 좋습니다!

01 이번 주 한 사람과 믿음에 대한 의미 있는 대화를 나누어본다.

02 매일 아침 "나는 오늘 주님의 증인으로 파송받았다"라고 고백하며 하루를 시작한다.

03 과거의 실패를 적어 보고, 그 위에 하나님의 약속 말씀 한 구절을 붙들고 기도한다.

04 일상의 자리에서 가장 작은 섬김 하나를 실천하며 사명을 행동으로 옮긴다.

memo

"아버지께서 나를 보내신 것 같이 나도 너희를 보내노라."

(요한복음 20장 21절)

오늘의 기도문

부활의 주님, 두려움 속에 갇혀 있던 제자들에게 평강을 주시고 사명을 맡기신 은혜를 감사합니다. 오늘 우리도 동일한 부르심을 받았음을 고백합니다. 실패와 연약함 속에서도 다시 불러주시는 주님의 음성에 응답하게 하시고, 주님의 증인으로 세상 속에 담대히 나아가게 하소서. 사명이 짐이 아니라 주님과 동행하는 은혜임을 깨닫게 하시고, 오늘 우리의 삶이 부활의 증거가 되게 하소서. 예수님의 이름으로 기도합니다. 아멘.

오늘의 선포문

"나는 주님의 증인이다!

부활 주님이 나를 보내신다!

나는 두려움을 넘어 평강으로 나아간다!

나는 오늘 복음을 살아내겠다!"

지혜의 묵상

"부활의 평강은 두려움이 사라져서 오는 것이 아니라

주님이 함께 계심을 알 때 찾아온다.

평강을 받은 사람만이 세상으로 파송될 수 있다."

예수님 부활 신비 학교

04

부활

_ 성령의 숨과 교회의 시작

04 성령의 숨과 교회의 시작

1904년, 영국 웨일즈의 한 광산 마을에서 예상하지 못한 변화가 시작되었습니다. 그곳은 하루 종일 석탄 먼지와 거친 노동 속에서 살아가던 광부들의 도시였습니다. 술집은 늘 붐볐고, 싸움과 욕설은 일상이었습니다. 사람들은 신앙보다 생존이 더 급한 삶을 살고 있었습니다. 어느 날, 젊은 설교자 에반 로버츠Evan Roberts가 작은 집회에서 단순한 메시지를 전했습니다. "성령을 받으십시오." 긴 설교도 아니었습니다. 특별한 프로그램도 없었습니다. 그러나 집회가 이어지자 사람들의 마음이 깨어지기 시작했습니다. 광부들이 검게 그을린 얼굴로 무릎을 꿇고 울며 기도했고, 서로에게 잘못을 고백하며 용서를 구했습니다. 오래 끊어졌던 관계들이 회복되었고, 거리와 광산 길에서도 자연스럽게 찬송이 흘러나왔습니다.

당시 기록에 따르면 술집이 한산해지고 범죄가 눈에 띄게 줄어들었습니다. 사람들은 한 가지를 공통적으로 이야기했습니다. "하나님이 우리 가운데 오셨다." 사람들을 변화시킨 것은 설교자의 능력이 아니라 성령의 임재였습니다. 두려움 속에 살던 사람들이 담대해졌고, 무관심하던 사람들이 하나님을 찾기 시작했습니다. 그리고 바로 이런 일이 부활 이후 제자들에게도 일어났습니다. 두려움 속에 숨어 있던 그들 가운데 예수님이 오셔서 숨을 내쉬며 말씀하셨습니다. "성령을 받으라." 그 순간, 교회의 역사가 시작되었습니다.

 도입 질문 나는 신앙생활 속에서 성령을 단지 알고만 있습니까, 아니면 실제로 내 삶을 변화시키시는 분으로 경험하고 있습니까?

요한복음 20:22-23, 사도행전 1:8 **성경 본문**

요 20:22 이 말씀을 하시고 그들을 향하사 숨을 내쉬며 이르시되 성령을 받으라 23 너희가 누구의 죄든지 사하면 사하여질 것이요 누구의 죄든지 그대로 두면 그대로 있으리라 하시니라 행 1:8 오직 성령이 너희에게 임하시면 너희가 권능을 받고 예루살렘과 온 유대와 사마리아와 땅 끝까지 이르러 내 증인이 되리라 하시니라.

1. 예수님은 제자들에게 무엇을 하신 후 "성령을 받으라"고 말씀하셨습니까?

(요 20:22)

2. 예수님은 성령을 받은 제자들에게 어떤 사명을 맡기셨습니까? (요 20:23)

3. 성령이 임하시면 제자들에게 어떤 일이 일어난다고 말씀하셨습니까? (행 1:8)

4. 증인의 사명은 어디서 시작하여 어디까지 이어집니까? (행 1:8)

5. 두려워하던 제자들이 성령을 받은 후 어떤 모습으로 변화될 것이라고 예상할 수 있습니까? (요 20:19 → 행 1:8 비교)

04 부활 – 성령의 숨과 교회의 시작

서론 　부활하신 예수님은 제자들에게 나타나 평강을 주신 후 숨을 내쉬며 말씀하셨습니다. "성령을 받으라"(요 20:22). 부활은 끝난 사건이 아니라 새로운 시작이었습니다. 부활의 생명이 성령을 통해 공동체 안으로 들어오며 교회가 시작되었습니다.

성령의 숨 : 교회를 태어나게 한 순간

01 **부활하신 주님의 숨 – 교회의 첫 순간 :** 부활하신 예수님은 제자들에게 평강을 선언하신 후 한 가지 놀라운 행동을 하셨습니다. 그들을 향해 숨을 내쉬며 말씀하셨습니다. "성령을 받으라."요 20:22. 복음서 가운데 오직 요한복음만 기록한 이 장면은 매우 독특합니다. 예수님은 설교하지 않으셨고, 명령하지도 않으셨습니다. 대신 숨을 불어넣으셨습니다.

　이 행동은 단순한 상징이 아니라 하나님의 창조 행위를 떠올리게 합니다. 하나님께서 인간을 창조하실 때 생기를 불어넣으셨듯이창 2:7, 부활하신 주님은 새로운 하나님의 백성을 향해 다시 호흡하셨습니다. 이 순간은 제자 개인의 회복을 넘어 교회가 시작되는 순간이었습니다. 교회는 모임으로 시작된 것이 아니라, 주님의 숨결로 시작되었습니다.

02 **창조를 다시 시작하시는 하나님 :** 예수님의 숨결은 우연한 행동이 아니었습니다. 창세기에서 하나님이 아담의 코에 생기를 불어넣으셨을 때 인간은 살아 있는 존재가 되었습니다창 2:7. 흙은 여전히 흙이었지만, 하나님의 호흡이 들어가는 순간 생명이 시작되었습니다. 이제 부활하신 주님은 두려움 속에 멈춰 있던 제자들에게 다시 숨을 불어넣으십니다. 이것은 단순한 위로가 아니라 새 창조

의 시작이었습니다. 제자들은 더 이상 과거에 묶인 사람들이 아니라, 성령으로 다시 태어난 공동체가 되었습니다.

에스겔의 환상 속에서 마른 뼈들이 하나님의 바람으로 일어나 큰 군대를 이루었던 것처럼겔 37:9-10, 성령의 숨은 절망의 공동체를 사명의 공동체로 바꾸셨습니다. 존 스토트John Stott는 "교회는 인간이 만든 기관이 아니라, 하나님의 영이 일으키신 살아 있는 공동체"라고 말했습니다. 교회는 계획에서 시작된 것이 아니라 하나님의 호흡에서 시작되었습니다.

03 **성령은 교회의 출발점이다** : 제자들은 이미 예수님을 따랐던 사람들이었습니다. 이미 기적을 보았고, 말씀을 들었고, 부활하신 주님을 만났습니다. 그러나 성령을 받기 전까지 그들은 여전히 닫힌 방 안에 머물러 있었습니다. 교회는 예수님을 아는 사람들의 모임으로 시작된 것이 아닙니다. 성령을 받은 사람들의 공동체로 시작되었습니다. 마틴 로이드 존스Martyn Lloyd-Jones는 "성령 없이 운영되는 교회는 결국 종교 조직에 머물 뿐이다"라고 말했습니다. 교회를 교회 되게 하는 분은 성령이시기 때문입니다. 성령은 오늘도 우리 가운데 새 창조를 시작하십니다. 닫힌 마음을 여시고, 무너진 믿음을 다시 세우시며, 멈춰 있던 공동체를 다시 움직이게 하십니다. 성령 강림은 부활 사건의 연장이었습니다. 부활이 죽음을 이긴 사건이라면, 성령은 그 생명이 공동체 안에 실제로 흘러 들어온 순간이었습니다.

> **적용 질문** ●
> 나는 지금 성령의 숨결로 살아가고 있습니까, 아니면 내 경험과 노력으로 신앙을 유지하려 애쓰고 있습니까?

대지 2 ⌄ **성령의 숨** : **두려움을 담대함으로 바꾸다**

01 **닫힌 방에서 거리로 나아가다** : 성령의 숨을 받은 제자들은 여전히 예루살렘에 머물러 있었습니다. 그러나 오순절이 이르렀을 때,

상황은 완전히 달라졌습니다. 유대인의 절기를 맞아 각 나라에서 온 사람들이 예루살렘에 모여 있던 그날, 갑자기 하늘로부터 급하고 강한 바람 같은 소리가 들렸습니다 행 2:2. 불의 혀처럼 갈라지는 것이 각 사람 위에 임했고, 그들은 모두 성령의 충만함을 받았습니다 행 2:3-4. 이전까지 그들은 숨어 있던 사람들이었습니다. 그러나 성령이 임하자 그들은 거리로 나갔습니다. 닫힌 문 안에 있던 사람들이 열린 광장 한복판에 서게 된 것입니다. 성령은 사람을 안전지대에 머물게 하지 않으십니다. 하나님의 역사 한가운데로 이끄십니다.

02 **베드로 – 부인자에서 설교자로 :** 며칠 전, 베드로는 한 여종의 질문 앞에서 예수님을 세 번이나 부인했습니다 마 26:69-75. 그는 실패자였고, 무너진 제자였습니다. 그러나 오순절에 그는 열한 사도와 함께 서서 소리를 높여 설교합니다 행 2:14. 그 설교는 단순한 감정적 외침이 아니었습니다. 구약 말씀을 인용하며 예수 그리스도의 죽음과 부활을 선포하는 강력한 복음 선언이었습니다 행 2:32-36. 무엇이 달라졌습니까? 환경이 아닙니다. 정치 상황이 아닙니다. 그의 성격도 아닙니다. 바로 성령이었습니다. A. W. 토저 Tozer는 "성령은 우리의 약함을 제거하시는 분이 아니라, 그 약함 위에 하나님의 능력을 더하시는 분"이라고 했습니다. 베드로는 완벽해져서 쓰임 받은 것이 아니라, 성령의 능력 안에서 다시 세워졌습니다. 그날 삼천 명이 회개하고 세례를 받았습니다 행 2:41. 성령은 한 사람의 실패를 통해 공동체의 부흥을 시작하셨습니다.

03 **능력의 목적은 증인이다 :** 예수님은 이미 약속하셨습니다. "오직 성령이 너희에게 임하시면 너희가 권능을 받고… 내 증인이 되리라" 행 1:8. 성령의 권능은 체험을 위한 권능이 아닙니다. 사명을 위한 권능입니다. 초대교회는 기적만으로 성장하지 않았습니다. 담대한 증언으로 성장했습니다. 성령이 임하자 그들은 예수의 이름을 두려워하지 않았습니다. 핍박이 시작되었지만 그들은 더 큰 담대함을 구했습니다 행 4:29-31. 성령은 우리를 편안하게 하려고 오신 분

이 아닙니다. 복음을 위해 서게 하시는 분입니다.

　오늘도 동일합니다. 성령은 교회를 안락하게 만들지 않으십니다. 살아 움직이게 하십니다. 두려움을 없애는 것이 아니라, 두려움 위에 담대함을 세우십니다.

적용 질문 ●

나는 성령의 능력을 단지 체험으로만 기대하고 있습니까, 아니면 증인의 삶으로 살아가고 있습니까?

대지 3 **성령의 숨 : 교회를 살아 움직이게 하다**

01 **함께 숨 쉬는 사람들 – 초대교회의 현장 :** 오순절 이후 예루살렘은 이전과 다른 도시가 되었습니다. 거리에서는 복음이 선포되었고, 집집마다 기도가 이어졌습니다. 새로 믿게 된 사람들은 단순히 감동을 받고 흩어진 것이 아니라, 서로 연결되었습니다. "그들이 사도의 가르침을 받아 서로 교제하고 떡을 떼며 기도하기를 전혀 힘쓰니라"행 2:42. 성령은 개인의 심령에만 역사하지 않으셨습니다. 공동체를 만드셨습니다. 서로를 돌보는 교회, 함께 예배하는 교회, 함께 기도하는 교회가 태어났습니다. 성령은 흩어진 사람들을 모으시고, 모인 사람들을 한 몸으로 묶으십니다. 교회는 같은 생각을 가진 사람들의 모임이 아니라, 같은 성령을 받은 사람들의 공동체입니다.

02 **삶이 복음이 되다 :** 초대교회 성도들은 자기 소유를 주장하지 않았습니다. 필요를 따라 나누었고행 2:44-45, 날마다 마음을 같이하여 성전에 모이기를 힘썼습니다행 2:46. 그들의 삶 자체가 메시지가 되었습니다. 사람들은 설교를 들었을 뿐 아니라, 사랑을 보았습니다. 복음은 말로만 선포된 것이 아니라, 삶으로 증명되었습니다. 영국의 선교사이자 선교신학자였던 레슬리 뉴비긴Lesslie Newbigin은 교회를 세상을 향해 보내진 하나님의 선교 공동체라

고 말했습니다. 성령이 임하실 때 교회는 내부를 위한 모임이 아니라, 세상을 향해 살아 움직이는 공동체가 됩니다.

03 **성령은 오늘도 교회를 시작하신다** : 성령의 역사는 사도행전에서 멈추지 않았습니다. 성령은 여전히 교회를 세우시고, 여전히 공동체를 새롭게 하시며, 여전히 증인을 일으키십니다. 초대교회가 완벽해서 쓰임 받은 것이 아닙니다. 그들 가운데 성령이 충만했기 때문입니다. 성령이 계실 때 교회는 담대했고, 성령이 충만할 때 교회는 기도했고, 성령이 역사하실 때 교회는 나누었습니다. 교회의 본질은 건물도 아니고 프로그램도 아닙니다. 성령의 임재입니다. 오늘 우리 공동체도 동일합니다. 성령의 숨이 머무는 곳에 교회는 살아 있습니다. 성령이 중심이 될 때 교회는 다시 시작됩니다.

> **적용 질문**
> 나는 교회를 '참여하는 공동체'로 살아가고 있습니까, 아니면 '머무는 장소'로만 생각하고 있습니까?

결론 부활은 단지 예수님의 승리가 아닙니다. 그 생명이 성령을 통해 제자들 안에 흐르기 시작한 사건입니다. 부활의 사람은 두려움에 머물지 않습니다. 성령의 숨을 받은 사람은 세상 속으로 보내심 받은 증인으로 살아갑니다.

핵심 요약

01 부활은 죽음을 이긴 사건을 넘어 교회를 시작한 사건이다.

02 부활은 두려운 제자들을 성령 안에서 증인으로 변화시켰다.

03 부활은 실패한 사람을 다시 일으켜 사명의 자리로 보내신다.

이번 강의에서 주신 하나님의 메시지를 한 문장으로 적어 보세요.
그리고 오늘 내 삶에 어떻게 적용할지 기록하고 기도해 보세요.

✎ **기록 노트**(한 문장 정리)

....

....

✎ **적용 노트**(오늘 실천할 다짐)

....

....

✎ **기도 노트**(기도문 작성)

....

....

....

소그룹 워크숍

01 예수님께서 "성령을 받으라"(요 20:22)고 하신 장면은 나의 신앙이 '노력'
이 아니라 '숨결' 위에 서 있어야 함을 어떻게 보여줍니까?

02 제자들이 닫힌 방에서 머물다가 성령을 통해 담대해진 사건은 오늘 내
삶의 어떤 두려움과 연결됩니까?

03 초대교회가 성령 안에서 하나 된 공동체가 되었던 모습은 우리 공동체가
회복해야 할 부분을 무엇이라고 생각하게 합니까?

04 이번 주 내가 성령의 숨결에 반응하여 실천할 가장 구체적인 한 걸음은
무엇입니까?

4 주간 실천 과제

이번 주에는 아래 세 가지 중 최소 한 가지를 실천해 보세요. 다 하면 더 좋습니다!

01 매일 아침 "성령님, 오늘 제게 새 숨을 주소서" 기도한다.

02 닫혀 있는 삶의 영역 하나를 성령께 맡긴다.

03 한 사람에게 복음적 위로 또는 간증을 전한다.

04 하루 10분 '숨기도'(루아흐, 프뉴마)를 드린다.

* 숨기도란?

숨기도는 호흡을 가다듬으며 하나님의 임재를 의식하고 드리는 짧은 기도입니다. 성경에서 "숨"은 곧 생명과 성령을 의미합니다. 히브리어 루아흐ㄱㄲㄲ와 헬라어 프뉴마πνεῦμα는 모두 숨·바람·영을 뜻하는 단어입니다. 숨기도는 들이쉬고 내쉬는 호흡 속에서 성령의 생기를 기억하며 마음을 하나님께 집중하는 기도입니다.

memo

"그들을 향하사 숨을 내쉬며 이르시되 성령을 받으라."

(요한복음 20장 22절)

오늘의 기도문

살아계신 성령 하나님, 부활의 생명을 우리 안에 새롭게 부어 주옵소서. 두려움을 평강으로, 침묵을 증언으로 바꾸시고 우리 공동체가 살아 움직이는 교회 되게 하옵소서. 예수님의 이름으로 기도합니다. 아멘.

오늘의 선포문

"부활의 생명이 내 안에 흐른다!
성령의 숨결이 나를 움직인다!
나는 주님의 증인으로 살아간다!"

지혜의 묵상

"부활은 과거의 사건이 아니라
오늘도 우리 안에 불어오는 하나님의 숨이다.
성령의 숨결이 머무는 곳에서 교회는 다시 살아난다."

예수님 부활 신비 학교

05

부활

_ 의심에서 확신으로

05 부활

의심에서 확신으로

20세기 영국의 문학자이자 옥스퍼드 교수였던 루이스C. S. Lewis는 한때 철저한 무신론자였습니다. 그는 기독교를 신화와 전설의 산물로 여겼고, 신앙을 지적인 사람에게 어울리지 않는 감정적 믿음이라고 생각했습니다. 그는 젊은 시절 전쟁을 경험하며 세상의 고통을 보았고, "선한 하나님이 있다면 왜 이런 세상이 존재하는가?"라는 질문을 붙들고 살아갔습니다. 루이스에게 신앙은 위로가 아니라 해결되지 않는 문제였습니다.

그러나 친구들과의 끝없는 대화와 내면의 씨름 속에서 그는 점점 이상한 경험을 하기 시작했습니다. 하나님을 거부하려 할수록, 오히려 하나님이 자신을 끝까지 따라오고 계신다는 느낌을 받았던 것입니다. 그는 훗날 자신의 회심 순간을 이렇게 기록했습니다. "나는 영국에서 가장 마지못해, 가장 원하지 않던 개종자가 되었다." 어느 날 밤, 그는 더 이상 부정할 수 없다는 사실을 깨달았습니다. 모든 의문이 사라진 것은 아니었습니다. 그러나 그는 하나님이 실제로 존재하신다는 사실 앞에 항복했습니다.

루이스는 이렇게 고백합니다. "나는 기독교를 믿는다. 태양이 떠올랐기 때문에 모든 것을 볼 수 있는 것처럼, 그리스도를 통해 세상을 이해하게 되었기 때문이다." 그의 믿음은 의심이 없어서 시작된 것이 아니었습니다. 오히려 의심을 끝까지 통과한 후에 얻어진 확신이었습니다.

 나는 의심이 생길 때 믿음을 떠나려 합니까, 아니면 더 깊이 하나님을 찾는 질문으로 사용하고 있습니까?

²⁴ 열두 제자 중 하나로서 디두모라 하는 도마는 예수께서 오셨을 때 함께 있지 아니한지라 ²⁵ 다른 제자들이 그에게 이르되 우리가 주를 보았노라 하니 도마가 이르되 내가 그의 손에 못 자국을 보며 내 손가락을 그 못 자국에 넣으며 내 손을 그 옆구리에 넣어 보지 않고는 믿지 아니하겠노라 하니라 ²⁶ 여드레를 지나서 제자들이 다시 집 안에 있을 때에 도마도 함께 있고 문들이 닫혔는데 예수께서 오사 가운데 서서 이르시되 너희에게 평강이 있을지어다 하시고 ²⁷ 도마에게 이르시되 네 손가락을 이리 내밀어 내 손을 보고 네 손을 내밀어 내 옆구리에 넣어 보라 믿음 없는 자가 되지 말고 믿는 자가 되라 하시니 ²⁸ 도마가 대답하여 이르되 나의 주님이시요 나의 하나님이시니이다 ²⁹ 예수께서 이르시되 너는 나를 본 고로 믿느냐 보지 못하고 믿는 자들은 복되도다 하시니라

1. 도마가 부활하신 주님을 쉽게 믿지 못했던 이유는 무엇이었습니까? (요 20:25)

....

2. 주님은 의심 많은 도마를 책망하지 않으시고, 어떻게 인격적으로 다가오셨습니까? (요 20:27)

....

3. 도마의 고백 "나의 주, 나의 하나님"은 의심이 어떻게 확신으로 변화되었음을 보여줍니까? (요 20:28)

....

4. 예수님이 말씀하신 "보지 못하고 믿는 자는 복되도다"라는 약속은 오늘 우리의 믿음과 어떤 관계가 있습니까? (요 20:29; 히 11:1)

....

5. 나는 지금 어떤 영역에서 '도마의 자리'에 서 있으며, 그 자리에서 주님을 어떻게 만나고 있습니까? (cf. 벧전 1:8-9)

....

부활 – 의심에서 확신으로

> **서론** 　도마는 부활 소식을 들었지만 쉽게 믿지 못했습니다. 그러나 부활하신 주님은 그의 의심을 외면하지 않으시고 직접 찾아오셨습니다. 부활은 완벽한 사람에게 주어진 믿음이 아니라, 의심하는 사람을 확신으로 이끄시는 하나님의 은혜입니다.

대지 1

의심의 자리 : 믿고 싶지만 믿기 어려운 순간

01 　**함께 있지 않았던 제자 :** 부활하신 예수님이 처음 제자들에게 나타나셨을 때 도마는 그 자리에 없었습니다요 20:24. 다른 제자들은 "우리가 주를 보았다"고 증언했지만, 도마는 쉽게 받아들이지 못했습니다. 그는 공동체의 간증보다 자신의 경험을 원했습니다. 신앙의 위기는 종종 큰 죄 때문이 아니라 영적 공동체의 부재 spiritual absence에서 시작됩니다. 공동체와 멀어질 때 믿음보다 의심의 목소리가 더 크게 들립니다히 10:25. 도마 역시 기대가 무너진 상태에서 스스로 거리를 두고 있었을 가능성이 큽니다. 상처 입은 마음은 다시 희망을 믿는 것을 두려워합니다. 그래서 사람은 때로 믿지 못해서가 아니라 다시 실망하고 싶지 않아서 거리를 두기도 합니다.

02 　**증거를 요구한 인간적 믿음 :** 도마는 말합니다. "내가 그의 손에 못자국을 보고… 넣어 보지 않고는 믿지 아니하겠노라"요 20:25. 이는 완고함이 아니라 인간적인 반응이었습니다. 우리는 보이면 믿고, 이해되면 받아들이고, 설명되면 신뢰하려 합니다. 프랑스의 사상가 블레즈 파스칼Blaise Pascal은 "인간은 이성만으로 믿지 않고, 마음이 납득될 때 비로소 믿음이 시작된다"고 말했습니다. 도마는 단순히 기적을 요구한 것이 아니라, 관계의 확신을 원했습니다. 십자가

에서 무너진 희망이 다시 살아났다는 것을 자신의 존재 전체로 확인하고 싶었던 것입니다. 그의 질문은 불신앙의 선언이 아니라, 진짜 믿고 싶다는 갈망의 표현이었습니다.

03

의심은 믿음의 끝이 아니다 : 성경은 도마를 실패자로 기록하지 않습니다. 오히려 그의 질문을 숨기지 않고 그대로 남겨 두었습니다. 하나님은 질문하는 제자를 공동체 밖으로 밀어내지 않으셨습니다. 의심은 믿음을 파괴하기 위한 것이 아니라, 더 깊은 믿음으로 이끄는 통로가 될 수 있습니다 막 9:24. 의심은 하나님을 떠나려는 마음에서 시작될 수도 있지만, 동시에 하나님을 더 진실하게 만나고 싶은 갈망에서 시작되기도 합니다. 많은 신앙의 성숙은 확신에서 시작되지 않습니다. 오히려 질문을 통과하면서 하나님을 인격적으로 경험할 때 믿음은 뿌리를 내립니다. 하나님은 완벽한 사람을 찾으시는 것이 아니라, 정직하게 하나님을 찾는 사람을 만나 주십니다.

> **적용 질문 ●**
>
> 나는 믿음의 질문을 숨기고 있습니까, 아니면 하나님 앞에 솔직히 가져가고 있습니까?

대지 2

찾아오신 주님 : 의심을 품으신 부활의 은혜

여드레 후 다시 오신 예수님 : 여드레가 지난 후, 예수님은 다시 제자들에게 나타나셨습니다 요 20:26. 놀라운 사실은 이것입니다. 예수님은 도마 한 사람을 위해 다시 오셨습니다. 주님은 이미 다른 제자들에게 자신을 보이셨습니다. 그럼에도 불구하고 도마의 의심을 외면하지 않으셨습니다. 여드레라는 시간은 도마에게 길고 답답한 시간이었을 것입니다. 그러나 그 기다림의 시간조차 주님의 계획 속에 있었습니다. 덴마크의 신학자 키르케고르 Søren Kierkegaard는 "믿음은 의심이 사라진 상태가 아니라, 의심 속에서도 하나님을 향해 서 있으려는 결단"이라고 했습니다. 도마는 여전히 공동체 안에 남아 있었고 떠나지 않았습니다. 그것이 은혜의 시작이었습니다. 주님은 완벽한 믿음을 가진 사람만 찾지 않으십니다. 공동체 안에 머무르며 기다리는 제자에게 다시 찾아오십니다.

02 **상처를 보여주신 부활 주님 :** 예수님은 도마에게 말씀하셨습니다. "네 손가락을 이리 내밀어 내 손을 보고… 믿음 없는 자가 되지 말고 믿는 자가 되라"요 20:27. 도마가 보지 않고는 믿지 않겠다고 말한 그 요구를 정확히 짚으셨습니다. 이는 꾸짖음이 아니라 이해였습니다. 부활하신 예수님의 몸에는 여전히 못 자국과 창 자국이 남아 있었습니다. 부활은 상처를 지워 버리는 사건이 아니라, 상처를 영광으로 바꾸는 사건이었습니다. 십자가의 흔적은 실패의 표시가 아니라 구원의 증거가 되었습니다눅 24:39; 계 5:6. 우리도 신앙 안에서 상처를 경험합니다. 기도했지만 응답이 늦어질 때, 헌신했지만 이해받지 못할 때 마음에 흔적이 남습니다. 그러나 부활의 주님은 오히려 그 상처를 통해 우리를 만나 주십니다.

03 **믿음으로 초대하시는 주님 :** 예수님은 단순히 증거를 제공하신 것이 아니라 말씀하셨습니다. "믿음 없는 자가 되지 말고 믿는 자가 되라"요 20:27. 주님은 도마를 '의심하는 사람'으로 규정하지 않으셨습니다. 대신 '믿는 자'로 부르셨습니다. 주님은 우리의 현재 모습이 아니라, 장차 될 모습을 보고 말씀하십니다. 믿음은 모든 의문이 해결된 뒤 생기는 감정이 아닙니다. 주님의 말씀에 응답할 때 시작되는 관계입니다롬 10:17. 의심이 완전히 사라져야 믿는 것이 아니라, 말씀 앞에서 한 걸음 내딛을 때 믿음은 자랍니다. 신앙은 이해의 결과가 아니라 만남의 열매입니다. 도마는 증거를 요구했지만, 결국 주님의 음성을 듣고 믿음으로 나아갔습니다.

> **적용 질문**
> 나는 의심이 사라질 때까지 기다리고 있습니까, 아니면 주님의 말씀에 먼저 응답하며 믿음으로 나아가고 있습니까?

대지 3 | 확신의 고백 : 의심을 넘어 인격적 믿음으로

01

"나의 주, 나의 하나님" – 인격적 신앙의 탄생 : 도마는 부활하신 예수님을 만난 후 이렇게 고백합니다. "나의 주님이시요 나의 하나님이시니이다"요 20:28. 이 고백은 단순한 감탄이 아닙니다. 이것은 신약 성경 안에서 예수님을 직접 "하나님"으로 고백한 가장 분명한 신앙 선언 가운데 하나입니다. 도마는 예수님을 단순히 스승이나 선지자가 아니라, 하나님 자신으로 인정했습니다. 중요한 것은 "나의my"라는 표현입니다. 도마의 신앙은 더 이상 다른 제자들의 증언에 의존한 믿음이 아니었습니다. 그는 자신의 만남을 통해 고백하는 자리로 나아갔습니다. 부활 신앙은 집단적 분위기가 아니라, 인격적 결단에서 완성됩니다. 많은 사람들은 예수님에 대해 알고는 있지만, 아직 "나의 주님"이라고 고백하지는 않습니다. 그러나 도마는 의심을 통과한 후, 가장 깊은 개인적 고백에 도달했습니다. 의심을 통과한 믿음은 얕지 않습니다. 질문을 지나온 고백은 쉽게 흔들리지 않습니다.

02

보지 않고 믿는 자의 복 : 예수님은 도마의 고백을 들으신 후 이렇게 말씀하셨습니다. "너는 나를 본 고로 믿느냐 보지 못하고 믿는 자들은 복되도다"요 20:29. 이 말씀은 도마를 낮추는 말씀이 아니라, 모든 세대를 향한 선언입니다. 우리는 도마처럼 손으로 만질 수 없습니다. 그러나 동일한 부활의 주님을 믿도록 초대받았습니다. 히브리서 기자는 믿음을 "바라는 것들의 실상이요 보이지 않는 것들의 증거"히 11:1라고 증언합니다. 기독교 신앙은 맹목이 아닙니다. 그러나 모든 것을 눈으로 확인해야만 가능한 신앙도 아닙니다. 믿음은 과거의 사건을 근거로 하되, 현재의 관계 속에서 자라납니다. 도마는 보았기에 믿었지만, 우리는 말씀과 성령의 역사 속에서 믿음으로 응답합니다. 보지 못하고 믿는다는 것은 무책임한 태도가 아닙니다. 그것은 하나님의 약속을 신뢰하는 용기입니다. 그리고 그 믿음 위에 주님은 복을 선언하셨습니다.

03 **의심에서 증인으로 – 믿음의 성숙 :** 도마의 인생은 의심으로 끝나지 않았습니다. 초대교회 전승에 따르면 그는 이후 인도까지 복음을 전한 선교사가 되었습니다. 부활 신앙은 단순히 의문을 해소하는 데 머물지 않습니다. 사람을 증인으로 변화시킵니다. 도마의 변화는 감정의 변화가 아니라 삶의 방향 전환이었습니다. 의심은 믿음의 반대가 아닙니다. 무관심이 믿음의 반대입니다. 도마는 무관심한 사람이 아니었습니다. 그는 진지하게 알고자 했고, 끝까지 믿고자 했습니다. 그래서 주님을 만난 후 그의 고백은 가장 깊은 신앙 선언이 되었습니다. 오늘 우리 역시 동일한 초대를 받습니다. 의심의 질문에 머물 것인가, 아니면 주님의 임재 앞에서 고백으로 나아갈 것인가? 부활은 단순히 죽음을 이긴 사건이 아니라, 사람의 내면을 새롭게 변화시키는 하나님의 능력입니다. 도마의 이야기는 곧 우리 모두의 이야기입니다. 믿음은 질문이 없는 상태가 아니라, 질문을 통과한 후 주님 앞에 서는 용기입니다.

> **적용 질문** ●
>
> 나는 예수님을 단순히 알고 있습니까, 아니면 "나의 주님, 나의 하나님" 이라고 고백할 만큼 인격적으로 믿고 있습니까?

> **결론**
>
> 도마의 이야기는 의심으로 시작되었지만 고백으로 끝났습니다. 부활하신 주님을 만난 사람은 더 이상 질문 속에 머물지 않고 증인의 삶으로 나아갑니다. 오늘 우리도 보지 못했지만 살아 계신 주님을 믿으며, 확신의 고백으로 살아가는 부활의 제자로 부름받았습니다.

핵심 요약

01 부활은 의심하는 사람을 찾아오시는 하나님의 사건이다.

02 부활 신앙은 증거를 넘어 인격적 만남에서 확신으로 완성된다.

03 부활을 만난 사람은 질문을 넘어서 증인의 삶으로 변화된다.

이번 강의에서 주신 하나님의 메시지를 한 문장으로 적어 보세요.
그리고 오늘 내 삶에 어떻게 적용할지 기록하고 기도해 보세요.

🖊 **기록 노트**(한 문장 정리)

_____

_____

🖊 **적용 노트**(오늘 실천할 다짐)

_____

_____

🖊 **기도 노트**(기도문 작성)

_____

_____

소그룹 워크숍

01 도마가 의심했던 모습 속에서 오늘 내 신앙과 비슷한 부분은 무엇입니까?

02 예수님이 도마의 의심을 책망하지 않고 찾아오신 장면은 나에게 어떤 위로를 줍니까?

03 "나의 주, 나의 하나님"(요 20:28)이라는 고백이 단순한 지식이 아니라 개인적 신앙 고백이 되려면 무엇이 필요할까요?

04 지금 내 삶에서 의심이 믿음으로 바뀌기를 원하는 영역은 무엇입니까?

5 주간 실천 과제

이번 주에는 아래 세 가지 중 최소 한 가지를 실천해 보세요. 다 하면 더 좋습니다!

01 매일 한 번 "나의 주, 나의 하나님"을 소리 내어 고백한다.

02 지금 마음속에 있는 의심 한 가지를 하나님께 솔직히 기도로 드린다.

03 믿음을 다시 붙잡게 된 경험을 한 사람과 나눈다.

04 하루를 마치며 오늘 경험한 하나님의 인도하심을 한 줄로 기록한다.

memo

"도마가 대답하여 이르되 나의 주님이시요 나의 하나님이시니이다." (요한복음 20장 28절)

부활의 주님, 우리의 의심과 연약함을 아시면서도 우리를 외면하지 않으시고 찾아오심을 감사합니다. 도마가 주님을 만나 "나의 주, 나의 하나님"이라 고백했던 것처럼 우리의 믿음도 지식이 아니라 인격적인 만남 위에 서게 하소서. 의심 속에 머무르지 않게 하시고 확신 가운데 살아가게 하시며, 부활의 주님을 증거하는 삶으로 인도하여 주옵소서. 예수님의 이름으로 기도합니다. 아멘.

"나는 의심에 머물지 않는다.

부활의 주님이 나의 주님이시다!

나는 확신의 제자로 살아간다!"

"의심은 믿음의 반대가 아니라

더 깊은 믿음으로 들어가는 문이 될 수 있다.

상처를 만져 본 손끝에서

'나의 주, 나의 하나님'이라는 고백이 태어난다."

예수님 부활 신비 학교

부활

_ 40일 동안 함께하신 주님

06

부활
– 40일 동안 함께하신 주님

18세기 영국, 부활 신앙을 조롱하던 젊은 회의론자 두 사람이 있었습니다. 한 사람은 기독교의 가장 큰 약점이라고 생각한 예수 부활을 반박하는 책을 쓰기로 했고, 다른 한 사람은 사도 바울의 회심을 신화로 증명하는 연구를 하기로 했습니다. 그들이 바로 길버트 웨스트Gilbert West와 로드 리틀턴Lord Lyttelton이었습니다.

두 사람은 수년간 고대 문헌과 역사 기록을 연구했습니다. 그러나 결론은 전혀 예상 밖이었습니다. 웨스트는 "빈 무덤과 제자들의 변화, 그리고 수많은 목격자들의 증언은 거짓으로 꾸며낼 수 없는 역사적 사실"이라고 고백하며, 결국 부활을 변증하는 책『예수 그리스도의 부활』The Resurrection of Jesus Christ을 저술했습니다. 리틀턴 역시 바울의 회심이 단순한 환상이나 착각이 될 수 없음을 인정하며 『바울의 회심』The Conversion of St. Paul을 집필했습니다. 처음에는 기독교를 무너뜨리려 했지만, 오히려 두 사람 모두 부활 신앙의 강력한 옹호자로 변했습니다.

또 다른 예는 20세기 초 미국 시카고 대학의 법학 교수였던 프랭크 모리슨Frank Morison입니다. 그는 "예수의 부활은 꾸며낸 이야기"라 확신하고 이를 논박하기 위해 연구를 시작했습니다. 그러나 역사적 증거를 깊이 파고들수록, 빈 무덤과 제자들의 담대한 증언, 수많은 순교의 기록이 거짓일 수 없다는 결론에 도달했습니다. 결국 그는 『누가 돌을 굴렸는가』Who Moved the Stone?라는 책을 써서, 오히려 예수 부활의 역사성을 강력하게 변증하는 증인이 되었습니다.

 도입 질문 오늘 나는 부활의 주님 앞에서 어떤 믿음의 자리로 나아가고 있습니까?

고린도전서 15:3-8, 누가복음 24:30-31　**성경 본문**

고전15:3 내가 받은 것을 먼저 너희에게 전하였노니 이는 성경대로 그리스도께서 우리 죄를 위하여 죽으시고 4 장사 지낸 바 되셨다가 성경대로 사흘 만에 다시 살아나사 5 게바에게 보이시고 후에 열두 제자에게와 6 그 후에 오백여 형제에게 일시에 보이셨나니 그 중에 지금까지 대다수는 살아 있고 어떤 사람은 잠들었으며 7 그 후에 야고보에게 보이셨으며 그 후에 모든 사도에게와 8 맨 나중에 만삭되지 못하여 난 자 같은 내게도 보이셨느니라… 눅 24:30 그들과 함께 음식 잡수실 때에 떡을 가지사 축사하시고 떼어 그들에게 주시매 31 그들의 눈이 밝아져 그인 줄 알아보더니 예수는 그들에게 보이지 아니하시는지라.

1. 사도 바울이 "성경대로"(고전 15:3-4)라고 반복한 표현은 부활 사건이 어떤 성경적 토대 위에 세워져 있음을 보여줍니까?

---

2. 게바(베드로)와 열두 제자, 오백여 형제 등 다양한 증인 집단에게 나타나신 사건은 부활의 역사적 신빙성을 어떻게 강화합니까? (고전 15:5-6)

---

3. 엠마오 제자들이 떡을 떼실 때 주님을 알아보게 된 사건은 당시 목격담으로서 어떤 구체성과 확실성을 전해 줍니까? (눅 24:30-31)

---

4. 사도 바울이 자신을 "만삭되지 못하여 난 자"라 칭하며 부활의 증인임을 고백한 표현은, 개인의 회심과 부활의 확신 사이에 어떤 연결을 보여줍니까? (고전 15:8-9)

---

5. "부활 후 40일 동안 여러 차례 나타나사 말씀하심"(행 1:3)이라는 기록은 오늘날 성도들에게 어떤 신앙적 확신과 증거로 다가옵니까?

---

06 부활 – 40일 동안 함께하신 주님

서론   예수님의 부활은 한순간의 기적 사건이 아니라, 40일 동안 반복적으로 나타나며 확증된 역사적 사실입니다(행 1:3). 주님은 제자들이 소문이나 간접 증언에 의존하지 않도록, 직접 보고 듣고 경험하게 하셨습니다. 그 40일 동안 하나님 나라를 가르치시고, 성령을 약속하시며, 증인의 사명을 준비시키셨습니다. 이 기간은 제자들이 두려움에서 담대함으로 변화되는 전환점이 되었고, 초대교회의 기초가 되었습니다.

대지 1

다수 목격과 역사적 확증

01   **500여 명의 공동 목격 – 집단 환상이 아닌 역사적 사건 :** 사도 바울은 "그 후에 오백여 형제에게 일시에 보이셨나니"고전 15:6라고 증언합니다. 이는 부활이 개인적 환상이나 주관적 체험이 아니라, 동일한 시간과 공간 속에서 다수가 함께 목격한 공동체적 사건이었음을 보여줍니다. 단순히 몇 명의 열성적인 추종자가 본 것이 아니라, 수백 명이 동시에 동일한 주님을 보았다는 점은 사건의 객관성을 강화합니다. 더욱이 바울은 이 사실을 조심스럽게 숨기지 않고 교회 앞에서 공개적으로 언급합니다. 이는 부활이 비밀 결사적 체험이 아니라, 공적으로 확인 가능한 사건이었음을 의미합니다. 신약학자 게리 하버마스Gary Habermas는 제자들이 실제로 부활하신 예수를 만났다는 사실이 부활을 설명하는 가장 설득력 있는 결론이라고 설명합니다.

02   **생존 증인의 권위 – 검증 가능한 사실 :** 바울은 오백여 형제 중 "지금까지 대다수는 살아 있고"고전 15:6라고 밝힙니다. 이는 당시 고린도 교회 성도들이 실제 목격자를 통해 확인할 수 있었음을 의미합니다. 만약 부활이 조작된 이야기였다면, 살아 있는 증인들

이 그 왜곡을 바로잡았을 것입니다. 그러나 초대교회는 이 사실을 두려워하지 않고 담대히 선포했습니다^{행 2:32}. 이는 부활이 수십 년 후 신화로 발전한 전설이 아니라, 사건 직후부터 공적으로 증언된 사실임을 보여줍니다. 영국 역사학자 톰 홀랜드 Tom Holland는 예수의 부활이 초기 기독교 공동체의 탄생을 설명하는 가장 중요한 역사적 사건이라고 평가합니다.

03 **제자 공동체의 변화 – 삶으로 증명된 부활 :** 예수님의 형제 야고보는 공생애 동안 예수님을 믿지 않았습니다^{요 7:5}. 그러나 부활 이후 그는 예루살렘 교회의 지도자가 되었고^{행 15:13}, 결국 순교적 신앙을 지켰습니다. 두려움에 숨어 있던 제자들도 담대히 복음을 전하는 증인으로 변화되었습니다^{행 4:20}. 그들의 변화는 단기간의 감정적 고조로 설명될 수 없습니다. 거짓을 위해 생명을 내어놓는 집단은 오래 지속되기 어렵습니다. 그러나 제자 공동체는 고난과 박해 속에서도 동일한 부활을 증언했습니다. 이 변화는 단순한 심리적 회복이 아니라, 실제 사건을 경험한 사람들의 삶의 방향 전환이었습니다. 부활은 교리를 만든 사건이 아니라, 새로운 공동체를 탄생시킨 역사적 능력이었습니다.

> **적용 질문** ●
> 나는 예수님의 부활을 단순한 신앙 전통으로 받아들이고 있습니까, 아니면 역사적 증언과 삶의 변화 위에 세워진 확신으로 받아들이고 있습니까?

대지 2 성경과 하나님 나라에 대한 가르침

01 **엠마오 도상의 말씀 해석-절망을 확신으로 바꾸신 말씀 :** 엠마오로 향하던 두 제자는 십자가 사건 이후 깊은 절망 속에 있었습니다. 그들은 예수님의 죽음을 실패로 이해하며 모든 기대가 끝났다고 생각했습니다. 그러나 부활하신 주님은 먼저 자신의 존재를 드러내기보다, 모세와 모든 선지자의 글을 통해 메시아의 고난과 부

활을 설명하셨습니다 눅 24:27. 이는 부활 신앙이 단순한 감정적 체험이 아니라 말씀을 깨닫는 믿음 위에 세워져야 함을 보여줍니다. 말씀을 들을 때 그들의 마음이 "뜨거워졌다" 눅 24:32는 표현은 신앙의 회복이 감정에서 시작된 것이 아니라, 말씀을 통한 깨달음에서 시작되었음을 의미합니다. 오늘날에도 부활의 확신은 경험만이 아니라 말씀을 통해 지속적으로 형성됩니다 롬 10:17.

02 **구약 성경의 성취로서의 부활 – 구속사의 완성 :** 예수님은 제자들에게 율법과 선지자와 시편에 기록된 모든 것이 자신 안에서 이루어졌다고 가르치셨습니다 눅 24:44. 이는 부활이 우연히 일어난 기적이 아니라, 창세기부터 이어져 온 하나님의 구속 계획의 성취임을 보여줍니다. 제자들은 이전에도 성경을 알고 있었지만, 부활 이후에야 성경의 중심이 그리스도라는 사실을 깨닫게 되었습니다. 주님께서 "그들의 마음을 열어 성경을 깨닫게 하셨다" 눅 24:45는 표현은 신앙 이해가 단순한 지식 축적이 아니라 영적 조명의 결과임을 보여줍니다. 신약학자 토마스 라이트 N. T. Wright 는 초기 기독교 공동체가 부활 이후 성경을 새롭게 읽기 시작했다고 설명합니다. 부활은 성경을 다시 해석하게 만든 사건이었고, 제자들은 말씀 속에서 자신의 사명을 발견하게 되었습니다 행 17:2-3.

03 **하나님 나라의 가르침 – 증인의 삶을 준비하신 40일 :** 예수님은 부활 후 40일 동안 하나님 나라의 일을 말씀하셨습니다 행 1:3. 이는 제자들이 단순히 부활의 목격자로 머무르지 않고, 하나님 나라의 사명자로 살아가도록 준비시키는 시간이었습니다. 하나님 나라는 미래에만 존재하는 이상이 아니라, 부활하신 주님 안에서 이미 시작된 현실이었습니다 눅 17:21. 이 가르침을 통해 제자들의 관심은 개인적 회복에서 세계적 사명으로 확장되었습니다. 그들은 이제 이스라엘의 회복만을 기대하는 사람들이 아니라, 모든 민족에게 복음을 전할 증인으로 변화되었습니다 행 1:6-8. 부활은 끝이 아니라 하나님 나라 사역의 출발점이었습니다. 오늘의 교회 역시 부활 신앙 위에서 하나님 나라의 삶을 실천하도록 부름받았습니다 마 6:3.

적용 질문

나는 말씀을 단순한 종교 지식으로 배우고 있습니까, 아니면 부활의 빛 아래서 하나님 나라를 이해하며 살아가고 있습니까?

대지

3 인격적 교제와 성령의 약속

01 **식탁 교제를 통한 실제 부활 증거 – 몸으로 살아나신 주님 :** 부활하신 예수님은 제자들 앞에서 구운 생선을 잡수셨습니다 눅24:42-43. 이는 부활이 단순한 영적 환상이나 상징적 경험이 아니라 실제 몸의 부활이었음을 분명히 보여줍니다. 제자들은 눈으로 보고 손으로 만지며 부활하신 주님과 동일한 공간을 공유했습니다. 사도 베드로 역시 "우리가 그와 함께 먹고 마셨다"고 증언하며 부활의 실제성을 강조합니다 행10:41. 초대교회가 부활을 영혼 불멸 사상으로 이해하지 않은 이유도 여기에 있습니다. 기독교의 부활은 죽음 이후 영이 살아남는 개념이 아니라, 하나님께서 인간의 존재 전체를 새롭게 하시는 사건입니다 고전15:20. 주님이 식탁에서 제자들과 교제하신 모습은 부활이 인간의 일상과 역사 속으로 들어온 사건임을 보여줍니다. 부활은 먼 신비가 아니라 삶의 자리에서 경험되는 현실이었습니다.

02 **성찬과 오늘의 교제 – 일상 속에서 계속되는 임재 :** 엠마오 도상에서 제자들은 떡을 떼실 때 비로소 예수님을 알아보았습니다 눅24:30-31. 말씀을 들을 때 마음이 뜨거워졌고, 식탁에서 눈이 열렸습니다. 이는 부활하신 주님이 단순히 과거의 기억 속 인물이 아니라 공동체의 예배와 교제 가운데 계속 임재하심을 보여줍니다. 초대교회가 떡을 떼며 교제를 지속했던 이유도 바로 이 부활 신앙 때문이었습니다 행2:42. 성찬은 단순한 의식이나 전통이 아니라, 부활하신 주님과의 현재적 만남을 상징합니다 고전10:16. 오늘 우리의 가정 식탁과 믿음의 공동체 교제 역시 주님이 임재하시는 자리입니다. 요한계시록의 약속처럼 주님은 문 밖에 서서 두드리시며, 우리가 문을 열 때 함께 식사하시는 분입니다 계3:20.

03 **성령의 약속과 증인의 사명 – 부활에서 선교로 :** 예수님은 제자들에게 "내 아버지께서 약속하신 것을 보내리니"^{눅 24:49}라고 말씀하시며 성령을 기다리도록 하셨습니다. 부활의 확신은 성령의 능력을 통해서만 세상 속 증언으로 이어지기 때문입니다. 제자들은 부활을 보았지만, 성령을 받기 전까지는 여전히 두려움 가운데 머물러 있었습니다. 그러나 성령이 임하자 그들은 담대히 복음을 선포하는 증인으로 변화되었습니다^{행 1:8}. 부활은 개인적 위로에서 끝나지 않고 선교적 사명으로 확장됩니다. 교회는 부활을 단지 기념하는 공동체가 아니라, 부활을 증언하는 공동체로 부름받았습니다^{요 20:21}. 오늘 우리 역시 성령 안에서 부활의 증인으로 살아가도록 보내심을 받았습니다.

> **적용 질문**
>
> 나는 부활을 믿는 신앙에 머물러 있습니까, 아니면 성령의 능력 안에서 부활의 증인으로 살아가고 있습니까?

결론   부활하신 예수님은 40일 동안 제자들과 함께하시며 부활의 확증을 단계적으로 세워 주셨습니다. 다수의 목격을 통해 역사적 사실을 확증하시고, 말씀과 하나님 나라의 가르침으로 신앙의 기초를 세우셨으며, 식탁 교제와 성령의 약속을 통해 증인의 사명을 준비시키셨습니다. 이 40일은 제자들이 두려움에서 확신으로, 제자에서 증인으로 변화되는 시간이었습니다. 오늘 우리 역시 이 확증 위에 서서 부활 신앙을 삶과 사명으로 살아가야 합니다.

핵심 요약

01 부활은 다수의 목격과 증언을 통해 확증된 역사적 사건이다.

02 부활의 주님은 40일 동안 말씀을 통해 하나님 나라와 제자의 사명을 가르치셨다.

03 부활하신 주님은 식탁 교제와 성령의 약속으로 제자 공동체를 준비시키셨다.

이번 강의에서 주신 하나님의 메시지를 한 문장으로 적어 보세요.
그리고 오늘 내 삶에 어떻게 적용할지 기록하고 기도해 보세요.

✏️ **기록 노트**(한 문장 정리)

✏️ **적용 노트**(오늘 실천할 다짐)

✏️ **기도 노트**(기도문 작성)

소그룹 워크숍

01 부활이 한순간의 기적이 아니라 40일의 확증이었다는 사실은 내 신앙에 어떤 의미가 있습니까?

02 나는 말씀을 통해 부활의 의미를 새롭게 깨달은 경험이 있습니까?

03 일상의 식탁과 삶 속에서 주님의 임재를 얼마나 인식하며 살고 있습니까?

04 지금 하나님이 나를 준비시키고 계신 영역은 무엇입니까?

6 주간 실천 과제

이번 주에는 아래 세 가지 중 최소 한 가지를 실천해 보세요. 다 하면 더 좋습니다!

01 이번 주 한 번, 고린도전서 15장 3-8절을 천천히 읽고 "부활은 역사적 사실입니다"라는 고백을 기도로 드린다.

02 매일 말씀을 묵상할 때 "이 말씀은 하나님 나라를 어떻게 보여 주는가?"라는 질문을 한 번 던진다.

03 이번 주 식사할 때 한 번 "부활하신 주님이 이 자리에 함께하신다"는 믿음으로 감사 기도를 드린다.

04 하루를 마치며 "오늘 나는 부활 신앙 위에 어떤 선택을 했는가?"를 한 줄로 기록한다.

memo

"그가 고난 받으신 후에 또한 그들에게 확실한 많은 증거로 친히 살아 계심을 나타내사 사십 일 동안 그들에게 보이시며 하나님 나라의 일을 말씀하시니라." (사도행전 1장 3절)

오늘의 기도문

부활의 주님, 사십 일 동안 제자들과 함께하시며 그들의 믿음을 세워 주심을 감사합니다. 우리의 신앙이 순간의 감정이 아니라 확증과 말씀 위에 굳게 서게 하소서. 일상 속에서도 주님의 임재를 인식하게 하시고, 하나님 나라의 비전을 배우게 하옵소서. 우리의 삶을 준비시키시는 주님의 손길을 신뢰하며 따르게 하소서. 예수님의 이름으로 기도합니다. 아멘.

오늘의 선포문

"예수님은 40일 동안 제자들을 세우셨다!

그분은 지금도 우리를 준비시키신다!

우리는 부활의 공동체다!"

지혜의 묵상

"부활하신 주님은 막연한 환상이 아니라

함께 걷고, 말씀하시고, 식탁에 앉으시는 주님이다.

일상의 자리에서 만나는 주님이

우리 믿음을 견고하게 세운다."

○ ○ ○

예수님 부활 신비 학교

07

부활

_ 죽음을 넘어선 몸과 천국 소망

07

죽음을 넘어선 몸과 천국 소망

1945년 4월 29일, 제2차 세계대전 종전이 가까워지던 어느 아침, 미군 제7군이 독일 뮌헨 근교에 위치한 다하우 Dachau 강제수용소에 도착했습니다. 철조망 안에는 이미 인간의 한계를 넘어선 절망이 자리하고 있었습니다. 수년 동안 굶주림과 강제노동, 전염병과 처형 속에서 살아남은 수감자들은 해골처럼 앙상한 몸으로 서로를 부축하며 겨우 숨을 이어가고 있었습니다. 수용소 입구에 다가선 미군 병사들은 먼저 믿기 어려운 광경을 마주했습니다. 방치된 시신들이 열차와 마당 곳곳에 쌓여 있었고, 살아 있는 사람들조차 죽음과 삶의 경계에 서 있었습니다. 철조망 안의 사람들은 멀리서 들려오는 전차 소리와 군화 발소리를 들었지만, 그것이 자유의 소식이라고는 쉽게 믿지 못했습니다. 그동안 수없이 희망이 무너졌기 때문입니다.

그러나 마침내 철문이 열리고 한 병사가 외쳤습니다. "You are free!" "당신들은 자유입니다!" 그 순간, 믿을 수 없다는 표정으로 서 있던 사람들이 하나둘 무릎을 꿇기 시작했습니다. 어떤 이는 울음을 터뜨렸고, 어떤 이는 서로를 끌어안았으며, 어떤 이는 하늘을 바라보며 손을 들었습니다. 몇 년 동안 죽음을 기다리던 사람들이 그날 처음으로 다시 살아갈 미래를 보게 된 것입니다. 생존자들은 훗날 이렇게 증언했습니다. "그날은 마치 우리가 죽음에서 다시 살아난 날 같았습니다." 죽음의 철조망이 끊어지는 순간, 그들은 단순히 수용소에서 풀려난 것이 아니라 절망의 세계에서 생명의 세계로 옮겨진 경험을 했습니다.

 도입 질문 죽음의 철조망이 끊어진 그날처럼, 나는 부활의 자유를 믿으며 살아가고 있습니까?

고린도전서 15:51-55, 빌립보서 3:20-21 `성경 본문`

고전 15:51 보라 내가 너희에게 비밀을 말하노니 우리가 다 잠잘 것이 아니요 마지막 나팔에 순식간에 홀연히 다 변화하리니 52 나팔 소리가 남에 죽은 자들이 썩지 아니할 것으로 다시 살아나고 우리도 변화하리라 53 이 썩을 것이 반드시 썩지 아니할 것을 입겠고 이 죽을 것이 죽지 아니함을 입으리로다 54 이 썩을 것이 썩지 아니함을 입고 이 죽을 것이 죽지 아니함을 입을 때에는 사망이 이김에 삼킨 바 되리라 기록된 말씀이 이루어지리니 55 사망아 너의 승리가 어디 있느냐 사망아 네가 쏘는 것이 어디 있느냐 빌 3:20 그러나 우리의 시민권은 하늘에 있는지라 거기로부터 구원하는 자 곧 주 예수 그리스도를 기다리노니 21 그는 만물을 자기에게 복종하게 하실 수 있는 자의 역사로 우리의 낮은 몸을 자기 영광의 몸의 형체와 같이 변하게 하시리라

1. "순식간에 변화하리라"는 약속은 나의 미래를 어떻게 바라보게 합니까?

(고전 15:51-52)

2. 썩을 몸이 썩지 않을 몸으로 변한다는 약속은 오늘의 고통을 어떻게 이해하게 합니까? (고전 15:53-54)

3. "사망아 네 승리가 어디 있느냐"는 선언은 죽음을 어떻게 새롭게 보게 합니까? (고전 15:55)

4. "우리의 시민권은 하늘에 있다"는 말씀은 나의 삶의 기준과 가치관을 어떻게 바꾸어 줍니까? (빌 3:20)

5. 나는 장차 받을 영광의 몸의 소망을 오늘의 삶 속에서 어떻게 붙들고 있습니까? (빌 3:21)

> **서론** 예수님의 부활은 단지 무덤을 비우신 사건이 아니라, 장차 우리가 입게 될 부활의 몸과 천국 소망을 미리 보여주신 사건입니다. 부활은 영혼의 위로가 아니라 존재 전체의 회복이며, 죽음의 권세를 넘어서는 하나님의 창조 완성 선언입니다(고전 15:20). 사두개인들이 부활을 부정했을 때 예수님은 "하나님은 죽은 자의 하나님이 아니요 살아 있는 자의 하나님이시니라"(마 22:32)고 말씀하셨습니다. 부활 신앙은 단순한 미래 기대가 아니라, 하나님의 언약적 신실하심 위에 세워진 확신입니다. 오늘 우리는 이 부활이 우리의 몸과 죽음, 그리고 현재의 삶을 어떻게 새롭게 하는지 살펴보고자 합니다.

부활의 몸 : 우리는 어떻게 변화되는가?

01 **썩지 않을 몸 – 소멸을 넘어선 존재 :** 바울은 부활을 설명하면서 "썩을 것으로 심고 썩지 아니할 것으로 다시 살아난다"고 말합니다 고전 15:42. 지금 우리의 몸은 시간의 지배를 받습니다. 병들고, 늙고, 쇠약해지고, 결국 죽음에 이릅니다. 그러나 부활의 몸은 더 이상 소멸의 법칙 아래 놓이지 않습니다. "이 썩을 것이 반드시 썩지 아니할 것을 입겠고"고전 15:53라는 선언은 단순한 연장이 아니라 본질적 변화입니다. 부활은 단지 수명이 늘어나는 것이 아니라, 죽음의 권세가 제거되는 사건입니다. 오늘 우리는 몸의 한계를 경험하며 살아가지만, 장차 주어질 몸은 더 이상 눈물과 통증과 죽음의 지배를 받지 않습니다계 21:4. 하나님은 창조를 폐기하지 않으시고 완성하십니다. 부활은 소멸의 반대가 아니라, 새 창조의 선언입니다.

02 **영광의 몸 – 그리스도를 닮은 형체 :** 부활의 몸은 단지 썩지 않는 몸이 아니라 "영광의 몸"입니다. 바울은 "우리의 낮은 몸을 자기 영

광의 몸의 형체와 같이 변하게 하시리라"고 말합니다^{빌 3:21}. 여기서 핵심은 '그리스도를 닮음'입니다. 부활은 단순한 생존이 아니라 형상의 회복이며, 창세기에서 시작된 하나님의 형상 회복이 완성되는 사건입니다^{창 1:27}. 예수님의 부활의 몸은 상처의 흔적을 지니면서도 영광 가운데 있었습니다^{요 20:27}. 이는 부활이 과거를 지우는 사건이 아니라, 고난을 영광으로 바꾸는 사건임을 보여줍니다. 부활의 영광은 인간의 공로가 아니라 은혜의 선물이며, 그리스도와의 연합 안에서 주어집니다^{롬 6:5}. 우리는 단지 살아나는 것이 아니라, 그분을 닮아 영화롭게 됩니다.

03 **영적이지만 실제적인 몸 :** 부활의 몸은 신비롭지만 모호하지 않습니다. 예수님은 부활 후 제자들 앞에서 음식을 드셨고^{눅 24:42-43}, 도마에게 손과 옆구리를 만져 보라고 하셨습니다^{요 20:27}. 이는 부활이 환상이나 상징이 아님을 분명히 보여 줍니다. 동시에 바울은 이를 "영적인 몸"이라 부릅니다^{고전 15:44}. 여기서 '영적'은 물질이 없다는 뜻이 아니라, 성령의 통치를 받는 새 창조의 몸을 의미합니다. 초대교회는 헬라 철학의 영혼 불멸 사상을 따르지 않았습니다. 기독교의 소망은 영혼이 몸을 벗어나는 탈출이 아니라, 몸이 구속받는 회복입니다. 부활은 탈출이 아니라 회복이며, 포기가 아니라 완성입니다. 하나님은 우리의 몸을 무시하지 않으시고, 그것을 새롭게 하십니다.

> **적용 질문**
> 나는 부활을 막연한 영적 위안으로 생각합니까, 아니면 실제로 주어질 영광의 몸과 존재의 회복으로 믿고 있습니까?

대지 2 **죽음과 영생 : 끝이 아니라 통과**

01 **죽음은 종말이 아니라 관문 :** 성경은 죽음을 인간 존재의 최종 결론으로 말하지 않습니다. 예수님의 부활 이후 죽음은 더 이상 절

대 권력이 아니라 영원으로 들어가는 관문이 되었습니다. 바울은 "사망아 너의 승리가 어디 있느냐"고전 15:55라고 선언하며, 죽음이 이미 패배한 적임을 선포합니다. 부활 이전의 인류에게 죽음은 두려움의 왕이었지만, 부활 이후 성도에게 죽음은 하나님 나라로 들어가는 문이 되었습니다. 초대교회 성도들이 죽음을 '잠'으로 표현한 이유도 여기에 있습니다살전 4:14. 잠은 끝이 아니라 깨어남을 전제합니다. 마르틴 루터Martin Luther는 "그리스도인에게 죽음은 밤잠과 같으며, 아침에는 부활의 빛 속에서 깨어난다"고 말했습니다.

02 **부활의 첫 열매이신 그리스도 :** 바울은 예수님을 "잠자는 자들의 첫 열매"고전 15:20라고 부릅니다. 첫 열매는 단순한 상징이 아니라 뒤따를 수확의 보증입니다. 예수님의 부활은 개인적 기적이 아니라 인류 역사의 방향을 바꾸는 사건이었습니다. 그리스도께서 살아나셨다는 사실은 성도의 부활이 이미 시작되었음을 의미합니다. 부활은 미래 사건이면서 동시에 현재적 현실입니다. 우리는 아직 완성된 몸을 입지 않았지만, 이미 부활 생명 안에 들어와 있습니다요 11:25. 존 칼빈John Calvin은 "그리스도의 부활은 신자의 미래가 현재 속으로 침투한 사건"이라고 설명했습니다. 그러므로 성도의 삶은 단순히 죽음을 기다리는 시간이 아니라, 부활 생명을 미리 살아가는 시간입니다. 그리스도의 부활은 약속이 아니라 보증이며, 가능성이 아니라 확정된 미래입니다.

03 **죽음을 이기는 소망의 능력 :** 예수님은 사두개인들의 질문에 답하시며 부활 이후의 삶이 이 땅의 연장이 아니라 전혀 다른 차원의 존재임을 가르치셨습니다마 22:30. 이는 천국 소망이 현실 도피가 아니라 존재 변화를 향한 약속임을 보여줍니다. 부활 신앙은 죽음 이후만을 위한 교리가 아니라 현재의 두려움을 이기는 능력입니다. 초대교회 성도들이 박해 속에서도 믿음을 지킬 수 있었던 이유는 죽음보다 더 큰 생명을 보았기 때문입니다히 11:35. 죽음의

공포가 사라질 때 비로소 인간은 진실하게 사랑하고, 담대하게 헌신하며, 두려움 없이 살아갈 수 있습니다. 부활 소망은 단지 미래의 위로가 아니라 현재의 용기입니다.

> **적용 질문 ●**
>
> **나는 죽음을 피해야 할 끝으로 바라보고 있습니까, 아니면 하나님께서 준비하신 영생으로 들어가는 소망의 문으로 이해하고 있습니까?**

대지 3 │ 천국 소망 : 미래가 현재를 바꾼다

01 **거룩을 향한 현재의 삶** : 천국 소망은 단순히 죽음 이후의 위로가 아니라, 오늘의 삶의 방향을 결정하는 힘입니다. 사두개인들에게 예수님은 "너희가 성경도 하나님의 능력도 알지 못하는 고로 오해하였도다"막 12:24라고 말씀하셨습니다. 부활과 영생을 믿지 못할 때 사람은 현재의 삶만을 절대화하게 되지만, 천국 소망을 가진 사람은 영원을 기준으로 오늘을 살아가게 됩니다. 사도 요한은 "그가 나타나심이 되면 우리가 그와 같을 줄 아는 자마다 자기를 깨끗하게 하느니라"요일 3:3라고 말합니다. 미래의 영광을 바라보는 신앙은 현재의 거룩을 낳습니다. 부활 신앙은 단순한 교리가 아니라 삶의 태도를 변화시키는 능력입니다.

02 **사랑과 헌신을 지속시키는 힘** : 부활과 천국 소망은 신자의 수고를 의미 있게 만듭니다. 바울은 부활장을 마무리하며 "너희 수고가 주 안에서 헛되지 않은 줄 알라"고전 15:58고 권면합니다. 만약 죽음이 모든 것의 끝이라면 희생과 헌신은 결국 손해로 남을 것입니다. 그러나 부활 신앙은 모든 사랑과 섬김이 영원 속에 보존된다는 확신을 줍니다. 초대교회 성도들이 가난한 자를 돌보고, 박해 속에서도 공동체를 지켜낸 이유는 천국 소망 때문이었습니다행 2:44-47. 그들은 현재의 손해보다 영원의 가치를 더 크게 보았습니다. 루이스C.S. Lewis는 "내세를 깊이 생각한 사람들이 이 세상

에서도 가장 큰 일을 했다"고 말했습니다. 영원을 바라보는 신앙은 현실을 회피하게 만드는 것이 아니라, 오히려 세상을 더 사랑하게 만듭니다.

03 **담대한 증인의 삶** : 천국 소망은 두려움을 넘어서는 담대함을 낳습니다. 초대교회 성도들은 죽음의 위협 앞에서도 복음을 전하는 일을 멈추지 않았습니다. 그들은 생명을 가볍게 여긴 것이 아니라, 생명의 주인이 하나님이심을 확신했기 때문입니다행 4:19-20. 부활 신앙은 신자를 안전한 신앙 안에 머물게 하지 않고 세상 속으로 보내는 힘이 됩니다. 예수님은 제자들에게 세상을 향해 나아가도록 보내셨고요 20:21, 천국 소망은 그 사명을 가능하게 하는 내적 용기가 되었습니다. 죽음을 넘어선 소망을 가진 사람은 실패를 두려워하지 않고, 복음을 부끄러워하지 않으며, 현재를 담대하게 살아갈 수 있습니다.

> **적용 질문**
> **천국 소망은 나의 오늘을 어떻게 바꾸고 있습니까?**

결론 예수님의 부활은 단지 과거의 사건이 아니라, 우리의 미래를 보증하는 약속입니다. 우리는 썩지 않을 몸을 입게 될 것이며, 죽음은 더 이상 승리자가 아닙니다. 부활은 존재의 회복이며, 천국 소망은 오늘의 삶을 거룩하고 담대하게 만드는 힘입니다. 그러므로 성도는 두려움이 아니라 소망으로, 절망이 아니라 확신으로 살아갑니다. 부활은 끝이 아니라 완성입니다.

핵심 요약

01 부활은 썩지 않을 영광의 몸을 약속하는 존재의 회복이다.

02 그리스도의 부활은 죽음을 종말이 아닌 하나님 나라로 들어가는 통로로 바꾸었다.

03 천국 소망은 오늘의 삶을 거룩하고 담대하게 만드는 능력이다.

이번 강의에서 주신 하나님의 메시지를 한 문장으로 적어 보세요.
그리고 오늘 내 삶에 어떻게 적용할지 기록하고 기도해 보세요.

✍ **기록 노트**(한 문장 정리)
_____

_____

✍ **적용 노트**(오늘 실천할 다짐)
_____

_____

✍ **기도 노트**(기도문 작성)
_____

_____

소그룹 워크숍

01 나는 부활의 몸과 천국 소망을 얼마나 실제적인 믿음으로 받아들이고 있습니까?

02 죽음을 두려움이 아니라 하나님 나라로 가는 통로로 바라본 경험이 있습니까?

03 천국 시민권을 가진 사람으로서 내 삶의 가치관은 무엇이 달라져야 합니까?

04 영원한 소망이 오늘 나의 선택과 태도에 어떤 영향을 주고 있습니까?

이번 주에는 아래 세 가지 중 최소 한 가지를 실천해 보세요. 다 하면 더 좋습니다!

01 이번 주 한 번, 고린도전서 15장 51-55절을 천천히 읽으며 "죽음은 끝이 아니다"라고 믿음으로 고백한다.

02 하루 한 번 "나는 하늘 시민권을 가진 사람입니다"라고 선포하며 하루를 시작한다.

03 어려운 상황을 만날 때 "이것은 영원 속에서 어떤 의미가 있는가?"를 스스로 질문한다.

04 하루를 마치며 오늘 내가 영원한 소망을 붙들고 선택한 행동 한 가지를 기록한다.

memo

"우리의 시민권은 하늘에 있는지라 거기로부터 구원하는 자 곧 주 예수 그리스도를 기다리노니 그는 우리의 낮은 몸을 자기 영광의 몸의 형체와 같이 변하게 하시리라."

(빌립보서 3장 20-21절)

부활의 주님, 죽음을 넘어 영원한 생명을 약속하여 주심을 감사합니다. 우리의 신앙이 현실에만 머물지 않고, 영광의 몸과 천국 소망을 바라보게 하소서. 두려움 대신 소망으로 살아가게 하시고, 영원을 바라보며 오늘을 거룩하게 선택하게 하옵소서. 삶의 자리에서 부활의 생명을 드러내게 하시며, 소망의 증인으로 살아가게 하소서. 예수님의 이름으로 기도합니다. 아멘.

"죽음은 끝이 아니다!
나는 부활의 소망 안에 살아간다!
나는 하늘 시민으로 오늘을 살아간다!"

"천국 소망은 현실 도피가 아니라
오늘을 거룩하게 살아가게 하는 힘이다.
영원을 바라보는 사람은
지금의 선택을 가볍게 여기지 않는다."

예수님 부활 신비 학교

08

부활

_ 부활 신앙과 제자도의 삶

08

부활 신앙과 제자도의 삶

1948년 여수·순천 사건의 혼란 속에서 전남 여수 애양원에서 사역하던 목회자 손양원 목사는 인생을 뒤흔드는 비극을 맞이했습니다. 공산주의 청년들 가운데 한 청년에 의해 그의 두 아들, 동인과 동신 형제가 신앙을 버리라는 강요를 받았습니다. 그러나 두 청년은 끝까지 예수 그리스도를 부인하지 않았고, 결국 그 청년의 총에 맞아 생을 마감했습니다. 믿음을 지키다 생명을 잃은 것이었습니다. 아들들의 죽음 소식이 전해지자 교회와 지역 사회는 큰 충격에 빠졌습니다. 사람들은 분노했습니다. "원수를 반드시 벌해야 합니다." "복수해야 합니다."라는 말이 이어졌습니다. 인간적으로 보면 너무도 당연한 반응이었습니다.

그러나 손양원 목사는 장례식 자리에서 뜻밖의 기도를 드렸습니다. 그는 눈물 속에서도 하나님께 감사의 기도를 올렸습니다. "하나님, 제게 두 아들을 주셔서 감사합니다. 그리고 주님을 위해 먼저 천국에 보내 주심도 감사합니다." 사람들은 그 말을 이해할 수 없었습니다. 그러나 더 놀라운 일은 그 다음에 일어났습니다. 그는 두 아들을 죽인 청년을 용서해 달라고 법정에 탄원했고, 출소 후 그 청년을 자신의 양아들로 받아들였습니다. 그의 행동은 인간적인 결심을 넘어선 것이었습니다. 그는 복수보다 부활을 믿었습니다. 죽음보다 영생을 더 실제적인 현실로 보았습니다. 손양원 목사의 삶은 부활 신앙이 고통을 부정하지 않지만, 그 고통을 영원의 시선으로 다시 해석하게 만든다는 것을 보여줍니다.

> **도입 질문** 부활의 소망이 나의 선택과 관계 속에서 실제 삶으로 나타나고 있습니까?

누가복음 24:30-35 | **성경 본문**

30 그들과 함께 음식 잡수실 때에 떡을 가지사 축사하시고 떼어 그들에게 주시니 31 그들의 눈이 밝아져 그인 줄 알아보더니 예수는 그들에게 보이지 아니하시는지라 32 그들이 서로 말하되 길에서 우리에게 말씀하시고 우리에게 성경을 풀어 주실 때에 우리 속에서 마음이 뜨겁지 아니하더냐 하고 33 곧 그 때로 일어나 예루살렘에 돌아가 보니 열한 사도와 및 그와 함께한 자들이 모여 있어 34 말하기를 주께서 과연 살아나시고 시몬에게 보이셨다 하는지라 35 두 사람도 길에서 된 일과 예수께서 떡을 떼심으로 자기들에게 알려지신 것을 말하더라

1. 엠마오 제자들이 절망에서 다시 일어선 이유는 무엇이었으며, 오늘 내 삶에도 비슷한 순간이 있었습니까? (눅 24:21)

2. 주님이 말씀을 풀어주실 때 마음이 뜨거워졌던 경험은 오늘 나의 말씀 생활과 어떻게 연결됩니까? (눅 24:32)

3. 떡을 떼는 자리에서 주님을 알아본 사건은 예배와 성찬을 어떤 시선으로 바라보게 합니까? (눅 24:30-31)

4. 제자들이 즉시 공동체로 돌아간 모습은 부활 신앙이 왜 공동체 안에서 살아가야 함을 보여줍니까? (눅 24:33-35)

5. 나는 말씀·예배·관계·전도 가운데 어떤 영역에서 '부활 제자의 삶'을 더 회복해야 합니까? (행 2:42; 눅 24:47)

08 부활 – 부활 신앙과 제자도의 삶

서론 십자가 이후 제자들은 두려움 속에 숨어 있었지만, 부활 이후에는 세상을 향해 담대히 나아갔습니다(요 20:19; 행 4:13). 달라진 것은 환경이 아니라 확신이었습니다. 부활은 죽음을 이긴 사건일 뿐 아니라 두려움을 끝내고 사명을 시작하게 한 하나님의 역사입니다. 주님은 제자들에게 먼저 평강을 주셨고, 말씀을 열어 주셨으며, 세상으로 보내셨습니다. 그러므로 부활 신앙은 교리에 머물지 않고 예배와 말씀, 사랑과 전도의 삶으로 드러나야 합니다. 이제 그 삶의 모습을 살펴보고자 합니다.

대지 1 **예배의 삶 : 부활은 하나님 앞에 다시 서게 한다**

평강으로 시작되는 예배 : 부활하신 예수님은 두려움에 잠긴 제자들 가운데 서셔서 "너희에게 평강이 있을지어다"요 20:19라고 말씀하셨습니다. 그들은 여전히 위협 속에 있었고, 현실은 안전하지 않았습니다. 그러나 주님의 임재는 그들의 중심을 먼저 회복시키셨습니다. 부활은 환경을 즉시 바꾸기보다 존재의 중심을 새롭게 하시는 하나님의 방식입니다. 예배는 문제 해결 이후에 드리는 감사가 아니라 문제 한복판에서 하나님께 다시 서는 사건입니다시 46:1; 히 10:22. 바로 그 자리에서 예배는 무너진 마음을 다시 하나님께로 돌려놓습니다.

예배는 도피가 아니라 재정렬이며, 무너진 마음이 다시 질서를 찾는 자리입니다. 우리는 예배 가운데 세상의 평가에서 벗어나 하나님의 시선 아래 자신을 놓게 됩니다. 예배는 단지 감정이 위로받는 시간이 아니라 존재가 재구성되는 시간입니다. 부활 신앙을 가진 사람은 예배를 통해 매주 다시 살아나는 경험을 합니다롬 12:1-2. 예배는 부활 신앙의 첫 표현입니다.

02 **부활이 만든 새로운 예배 리듬 – 안식일에서 주일로 :** 초대교회는 예수님의 부활 이후 주일 첫날에 모였습니다행 20:7; 고전 16:2. 이는 단순한 일정 변경이 아니라 신앙의 중심 이동이었습니다. 안식일이 율법의 완성을 기억하는 날이었다면, 주일은 새 창조의 시작을 기념하는 날이 되었습니다계 1:10. 주일 예배는 과거 사건의 추억이 아니라 현재 살아 계신 주님의 통치를 고백하는 행위였습니다. 그들은 매주 예배를 통해 자신들의 정체성을 확인했습니다. "우리는 부활의 백성이다." 부활 신앙은 시간 개념을 새롭게 합니다. 한 주의 시작을 예배로 여는 사람은 삶의 중심을 하나님께 둡니다마 6:33. 예배는 습관이 아니라 선언이며, 부활 신앙은 우리의 일정과 리듬을 다시 설계합니다.

03 **공동체 안에서 완성되는 예배 :** 엠마오 제자들은 주님을 만난 후 곧바로 예루살렘 공동체로 돌아갔습니다눅 24:33-35. 부활 체험은 개인적 감동으로 머물 수 없었습니다. 그것은 고백과 나눔으로 이어졌습니다. 초대교회는 함께 모여 말씀을 듣고 떡을 떼며 교제했습니다행 2:42-47. 그 공동체적 예배 속에서 부활 신앙은 반복적으로 확인되고 강화되었습니다. 믿음은 고립 속에서 약해지고 공동체 안에서 견고해집니다히 10:24-25. 존 웨슬리John Wesley는 "홀로 있는 그리스도인은 성경이 말하는 그리스도인이 아니다"라고 말했습니다. 부활 신앙은 함께 예배할 때 더 깊어지고, 공동체 안에서 더욱 분명해집니다. 예배는 개인 구원을 넘어 하나님 나라 공동체를 세우는 사건입니다.

> **적용 질문** ●
>
> **나는 예배를 단순한 종교적 의무로 드리고 있습니까, 아니면 부활하신 주님 앞에 나의 두려움과 삶 전체를 맡기며 평강을 누리는 실제의 자리로 드리고 있습니까?**

대지 2 말씀의 삶 : 부활은 인생을 다시 해석하게 한다

01 　**절망을 새롭게 해석하는 말씀 :** 엠마오로 가던 제자들은 십자가 사건을 실패로 이해했습니다^{눅 24:21}. 그들의 기대는 무너졌고, 미래는 사라진 것처럼 보였습니다. 그러나 부활하신 예수님은 기적보다 먼저 성경을 풀어 주셨습니다^{눅 24:27}. 부활 신앙은 감정의 회복 이전에 해석의 변화를 요구합니다. 말씀은 사건을 지우지 않지만 사건의 의미를 새롭게 합니다^{롬 8:28}. 절망은 사라지지 않았지만 방향이 바뀌었습니다. 마르틴 루터^{Martin Luther}는 성경이 우리의 눈을 열어 하나님을 보게 하는 '영혼의 안경'과 같다고 말했습니다. 말씀을 통해 볼 때 우리는 십자가를 실패가 아니라 하나님의 계획으로 이해하게 됩니다. 부활 신앙은 현실을 부정하는 것이 아니라 현실을 새롭게 해석하는 능력입니다.

02 　**마음을 다시 살리는 말씀 :** 제자들은 말씀을 들을 때 "우리 마음이 뜨겁지 아니하더냐"^{눅 24:32}라고 고백했습니다. 말씀은 기록이 아니라 살아 있는 하나님의 음성입니다^{히 4:12}. 부활 신앙은 말씀을 통해 심령이 다시 점화되는 경험입니다. 믿음은 들음에서 나며 ^{롬 10:17}, 말씀은 우리의 내면 깊은 곳을 새롭게 합니다. 지식이 아니라 생명이 전달될 때 마음은 뜨거워집니다. 드와이트 무디^{D. L. Moody}는 "성경은 정보를 주기 위해 기록된 것이 아니라 사람을 변화시키기 위해 기록되었다"고 말했습니다. 말씀과 멀어질수록 신앙은 식어 가고, 말씀 가까이 갈수록 부활 확신은 깊어집니다. 말씀은 부활 신앙의 연료입니다.

03 　**삶의 기준이 되는 말씀의 권위 :** 예수님은 사두개인들에게 "성경도 하나님의 능력도 알지 못한다"^{막 12:24}고 지적하셨습니다. 부활을 부정한 이유는 지식 부족이 아니라 말씀을 기준으로 삼지 않았기 때문입니다. 세상의 철학은 부활을 설명하지 못하지만 성경은 분명히 증언합니다^{고전 15:3-4}. 말씀은 신자의 사고와 선택을 다스

리는 최종 기준입니다시 119:105. 말씀을 기준으로 삼을 때 신앙은 감정이나 환경이 아니라 진리 위에 서게 됩니다. 존 칼빈John Calvin은 "하나님의 말씀은 신자의 삶을 통치하는 권위"라고 말했습니다. 부활 신앙은 말씀 위에 설 때만 흔들리지 않습니다. 말씀 없는 열심은 오래가지 못합니다.

적용 질문

나는 내 상황을 감정과 환경으로 해석하고 있습니까, 아니면 하나님의 말씀을 기준으로 내 인생의 의미를 새롭게 해석하고 있습니까?

대지 3

사랑과 전도의 삶 : 부활은 제자를 세상으로 보낸다

01 **원수까지 사랑하게 하는 부활 신앙 :** 손양원 목사는 두 아들을 죽인 청년을 용서하고 양아들로 삼았습니다. 이는 인간적 정의를 넘어선 선택이었습니다. 그는 죽음을 마지막 결론으로 보지 않았습니다. 부활을 믿는 사람은 복수 대신 사랑을 선택할 수 있습니다롬 12:19-21. 생명이 하나님의 손에 있다는 확신이 있기 때문입니다. 디트리히 본회퍼Dietrich Bonhoeffer는 "은혜는 값싼 것이 아니라 삶으로 증명되는 것"이라고 말했습니다. 부활 신앙은 감정을 넘어 십자가적 사랑으로 나타납니다요 13:34-35. 그것은 약함이 아니라 가장 강한 믿음의 표현입니다.

02 **복음을 전하게 하는 부활 확신 :** 부활 이전 제자들은 숨었지만, 부활 이후에는 세상 한복판에서 복음을 선포했습니다행 2:32; 행 4:20. 그들의 담대함은 훈련의 결과가 아니라 만남의 결과였습니다. 살아 계신 주님을 만난 사람은 증인이 됩니다행 1:8. 복음은 경험된 진리일 때 힘을 가집니다롬 1:16. 초대교회는 전략보다 확신으로 성장했습니다. 부활은 논쟁의 주제가 아니라 선포의 내용이었습니다. 부활 신앙은 사람을 방관자가 아니라 증인으로 만듭니다.

03 **세상 속 증인의 존재 방식 :** 예수님은 "아버지께서 나를 보내신 것 같이 나도 너희를 보내노라"요 20:21고 말씀하셨습니다. 부활 신앙은 교회 안에 머무는 신앙이 아니라 세상 속으로 파송되는 신앙입니다. 초대교회 성도들은 일상 속에서 복음을 살아냈습니다 빌 2:15; 마 5:13-16. 그들의 삶이 곧 설교였고, 존재가 곧 증언이었습니다. 유진 피터슨Eugene Peterson은 "사람들은 우리가 말하는 복음보다 우리가 살아내는 복음을 통해 하나님을 본다"고 말했습니다.

> **적용 질문** ●
> 나는 부활 신앙을 말로만 고백하고 있습니까, 아니면 사랑과 전도의 삶으로 세상 속에서 드러내고 있습니까?

결론 부활 제자의 삶은 예배의 평강, 말씀의 확신, 사랑의 실천, 전도의 담대함으로 나타납니다. 부활 제자는 예배로 중심을 세우고, 말씀으로 인생을 해석하며, 사랑과 증언으로 세상 속에 살아갑니다. 부활 신앙은 특별한 순간에만 드러나는 열정이 아니라 일상의 선택 속에서 지속적으로 확인되는 믿음입니다. 그러므로 우리는 부활을 기념하는 사람에 머물지 말고 부활로 살아가는 제자가 되어야 합니다. 부활은 끝난 사건이 아니라 지금도 제자를 만들어 가는 하나님의 역사입니다.

핵심 요약

01 부활은 두려움을 평강으로 바꾸어 예배의 삶을 시작하게 한다.

02 부활은 절망을 새롭게 해석하게 하여 말씀 중심의 삶으로 이끈다.

03 부활은 사랑과 증언의 삶으로 우리를 세상 속에 파송한다.

이번 강의에서 주신 하나님의 메시지를 한 문장으로 적어 보세요.
그리고 오늘 내 삶에 어떻게 적용할지 기록하고 기도해 보세요.

✏️ **기록 노트**(한 문장 정리)

✏️ **적용 노트**(오늘 실천할 다짐)

✏️ **기도 노트**(기도문 작성)

소그룹 워크숍

01 부활 신앙이 예배 속에서 나의 두려움을 평강으로 바꾸어 준 경험이
있습니까?

02 엠마오 제자들처럼 말씀을 통해 인생을 새롭게 해석하게 된 순간이 있었
습니까?

03 손양원 목사님의 용서를 통해 본 부활 신앙의 능력은 무엇이라고 생각합
니까?

04 나는 이번 주 어떤 자리에서 '부활의 증인'으로 살아갈 수 있겠습니까?

이번 주에는 아래 세 가지 중 최소 한 가지를 실천해 보세요. 다 하면 더 좋습니다!

01 예배 전 "부활의 주님, 제게 평강을 주옵소서"라고 기도하며 예배에 집중한다.

02 누가복음 24장 30-35절을 묵상하며 마음이 뜨거워지는 한 구절을 기록한다.

03 이번 주 한 사람에게 용서 또는 사랑을 구체적 행동으로 표현한다.

04 하루 한 번 "예수님은 살아 계십니다"라는 고백을 의식적으로 선포한다.

memo

"그리스도께서 다시 살아나셨으면 우리가 또한 새 생명 가운데서 행하게 하려 함이라." (로마서 6장 4절)

오늘의 기도문

부활의 주님, 두려움 속에 숨어 있던 제자들을 일으켜 세상으로 보내신 것처럼 우리도 일으켜 주소서. 예배 가운데 평강을 회복하게 하시고, 말씀으로 우리의 눈을 열어 주소서. 원수를 사랑할 수 있는 용기와 복음을 증언할 담대함을 허락하여 주옵소서. 우리의 삶이 부활의 증거가 되게 하시고, 일상 속에서 제자로 살아가게 하옵소서. 예수님의 이름으로 기도합니다. 아멘.

오늘의 선포문

"예수님은 살아 계신다!

나는 부활의 평강으로 살아간다!

나는 세상 속에서 담대한 부활의 증인이다!"

지혜의 묵상

"부활을 믿는다는 것은

절망 앞에서도 사랑을 선택하는 것이다.

그리고 그 사랑이 세상 속에서 다시 살아나는 기적이 된다."

예수님 부활 신비 학교

예수님 신비 시리즈 6
(KMTS CORE 13)

부록

부록 ❶ 부활의 성경적·역사적 증거
- 예언과 역사 속에서 부활의 사실성을 확증하는 기초 자료

부록 ❷ 부활 변증 Q&A 핸드북
- 의심을 확신으로 바꾸는 핵심 질문과 답변 정리

부록 ❸ 부활 40일 영성 훈련 로드맵
- 말씀과 기도로 부활 신앙을 삶에 정착시키는 40일 여정

부록 ❹ 부활 확증 체험 워크숍
- 지식을 체험으로 전환하는 공동체 확신 훈련

부록 ❺ 부활 제자도 적용 워크시트 세트
- 평강과 사명을 실제 삶으로 연결하는 실천 도구

부록 ❻ 부활 신앙 7주 제자훈련 로드맵
- 부활 신앙을 제자의 삶으로 완성하는 단계별 성장 구조

부활의 성경적·역사적 증거

1. 부활의 성경적 12가지 증거 통합 도표

구분	내용	핵심 성구	의미
①	구약 예언 성취	시 16:10; 호 6:2; 마 12:40	부활은 우연이 아니라 언약 성취
②	예수님의 직접 예언	마 16:21; 막 9:31	예수님 스스로 예고하심
③	빈 무덤	요 20:1-10	시신이 존재하지 않음
④	여인들의 증언	마 28:1-10; 요 20:11-18	신화였다면 불리한 기록
⑤	제자들과의 만남	눅 24장; 요 20장	실제적 만남과 대화
⑥	도마의 확인	요 20:27-28	육체적 부활 증명
⑦	500여 명 동시 목격	고전 15:6	집단 환각 불가
⑧	엠마오 사건	눅 24:13-35	말씀 속에서 확증
⑨	식사 교제	눅 24:42-43	실제 육체성
⑩	제자들의 변화	행 2:32; 행 4:13	두려움 → 담대함
⑪	순교의 역사	초대교회사	거짓 위해 목숨 불가
⑫	초대교회 급성장	행 1-8	부활 중심 선포

2. 역사·변증 자료 요약

(1) 고대 문헌 증언

- 요세푸스(Josephus) : 예수와 그를 따르는 자들의 존재 기록
- 타키투스(Tacitus) : 로마 제국 내 그리스도인들의 신앙 언급
  → 초기 교회가 실제로 부활을 믿었음을 보여줌.

(2) 제자들의 변화 비교표

부활 이전	부활 이후
두려움에 숨어 있음 (요 20:19)	공회 앞에서 담대히 증언 (행 4:13)
예수 부인 (마 26:69-75)	"우리는 보고 들은 것을 말하지 아니할 수 없다" (행 4:20)
낙심	순교까지 감당

3. 주요 반론과 반박 정리

반론	주장	반박
도둑설	제자들이 시체를 훔침	로마 군병 감시 + 두려움 상태 (마 28:13)
실신설	예수는 기절했을 뿐	창에 찔림 (요 19:34), 의학적 사망
환각설	집단 환상	500여 명 동시 목격 (고전 15:6)

 요약 포인트

- 부활은 성경의 언약적 성취입니다.
- 역사적 정황은 이를 부인하기 어렵습니다.
- 변증적 가설들은 모두 논리적 한계를 가집니다.
- 제자들의 변화는 가장 강력한 실증입니다.

활용 방법

- 교육 시 대형 도표로 제시
- 조별 토론 후 '부활 확신 간증 카드' 작성
- 개인 묵상 : 하루 1- 2개 증거 정리 후 확신 점검

Q1 왜 여인이 첫 증인인가요?

A 당시 유대 사회에서 여인의 증언은 법적 효력이 약했습니다. 그런데도 복음서는 여인들을 첫 증인으로 기록합니다. 만일 부활 이야기가 조작된 신화였다면 사회적으로 불리한 설정을 할 이유가 없었을 것입니다. 이는 부활 사건이 꾸며낸 이야기가 아니라 실제 역사임을 보여 주며, 동시에 하나님께서 약한 자들을 통해 영광을 드러내심을 증언합니다.

- 성구 : 마 28:1-10, 요 20:11-18

Q2 부활은 신화가 아닌가요?

A 부활은 상징이나 전설이 아니라 실제 사건입니다. 제자들은 단순한 신념이나 이상 때문에 순교한 것이 아니라, 부활하신 주님을 실제로 만났기에 목숨까지 내놓았습니다. 또한 요세푸스와 타키투스 같은 비기독교 역사 기록도 초기 교회의 존재와 신앙을 언급합니다.

- 성구 : 고전 15:3-8, 행 2:32

Q3 죽음 이후의 상태는 무엇인가요?

A 성경은 죽음을 끝으로 보지 않습니다. 믿는 자는 주님과 함께하는 낙원에 들어가며, 장차 재림 때 영광의 몸으로 부활합니다. 그러므로 죽음은 공포의 문이 아니라 영원한 생명으로 들어가는 통로입니다.

- 성구 : 눅 23:43, 고전 15:51-55, 계 21:1-4

Q4 부활을 어떻게 확신할 수 있나요?

A 성경의 예언 성취, 빈 무덤, 수많은 목격자, 제자들의 변화, 초대 교회의 급성장은 부활을 뒷받침하는 강력한 근거입니다. 더 나아가 오늘도 성령의 역사와 말씀의 능력 속에서 우리는 살아 계신 주님을 경험합니다. 부활은 과거의 사건이면서 동시에 현재의 능력입니다.

- 성구 : 롬 8:11, 빌 3:10

Q5 오늘날 부활 신앙은 어떤 의미가 있나요?

A 부활 신앙은 절망 속에서도 소망을 주며, 죄와 사망의 권세를 이기게 합니다. 또한 우리를 부활의 증인으로 세워 삶과 사역의 방향을 새롭게 합니다. 부활은 신자의 존재 방식을 바꾸는 힘입니다.

- 성구 : 요 11:25-26, 벧전 1:3

Q6 부활과 재림은 어떤 관계가 있나요?

A 예수님의 부활은 재림과 최종 부활의 보증입니다. 살아나신 주님께서 다시 오셔서 믿는 자들을 영광의 부활로 이끄실 것입니다. 부활은 미래 소망의 확실한 근거입니다.

- 성구 : 행 1:11, 살전 4:16

Q7 예수님의 부활은 단순히 영적인 사건인가요?

A 아닙니다. 예수님은 실제 육체로 부활하셨습니다. 제자들과 함께 음식을 드셨고, 도마에게 상처 난 손과 옆구리를 보여 주셨습니다. 부활은 환상이나 영적 체험이 아니라 역사적이고 물리적인 사건입니다.

- 성구 : 눅 24:39, 요 20:27

Q8 다른 종교에도 부활 이야기가 있는데 무엇이 다른가요?

A 다른 종교의 부활 이야기는 상징적이거나 신화적 전통에 속합니다. 그러나 예수님의 부활은 특정한 시간과 장소 속에서 일어난 역사적 사건이며, 목격자와 기록, 교회의 역사적 전승으로 이어집니다. 부활은 우리의 믿음의 기초이자 복음의 중심입니다.

- 성구 : 행 17:31, 고전 15:20

Q9 왜 부활은 기독교 신앙의 핵심인가요?

A 부활이 없다면 십자가의 의미도 완성되지 않습니다. 바울은 그리스도께서 다시 살아나지 않으셨다면 우리의 믿음이 헛되다고 말합니다. 부활은 구원의 완성, 복음의 중심이며 기독교 신앙의 토대입니다.

- 성구 : 고전 15:14-17

Q10 부활 신앙은 오늘 내 삶에 어떤 변화를 주나요?

A 부활은 미래의 약속일 뿐 아니라 오늘을 새롭게 하는 능력입니다. 절망 대신 소망으로, 두려움 대신 평강으로, 무기력 대신 사명으로 살게 합니다. 부활의 주님을 믿는 사람은 매일을 새로운 시작으로 살아갑니다. 왜냐하면 부활은 단지 과거의 사건이 아니라 지금도 역사하는 하나님의 능력이기 때문입니다.

- 성구 : 롬 6:4, 갈 2:20

활용 방법 ●

- 개인 묵상 : 하루 1문항씩 읽고 묵상하며 기록하십시오.
- 소그룹 나눔 : 각 문항을 토론하며 확신을 세우십시오.
- 전도 준비 : 자주 묻는 질문에 대비하는 변증 자료로 활용하십시오.

🔖 부활 확신 선언문

"나는 역사 속에서 살아나신 예수 그리스도를 믿습니다. 그분의 부활은 나의 과거를 용서하시고, 오늘을 새롭게 하시며, 영원을 보증하십니다. 나는 두려움이 아니라 부활의 소망으로 살겠습니다."

부활 40일 영성 훈련 로드맵

부활 신앙을 일상의 제자도와 영성 습관으로 세우는 훈련 여정

예수님은 부활 후 즉시 승천하지 않으셨습니다.
성경은 주님께서 **40일 동안 제자들에게 나타나 하나님 나라의 일을 가르치셨다고**
증언합니다 (행 1:3).

이 기간은 단순한 시간이 아니라,

- 두려움이 확신으로,
- 낙심이 사명으로,
- 제자가 증인으로 변화되는 **영적 전환기**였습니다.

본 로드맵은 그 40일의 흐름을 따라가며, 오늘의 성도와 사역자가 **부활 신앙을 삶 속에
서 체험하도록 돕는 영성 훈련** 과정입니다. 구성은 두 단계로 이루어집니다.

- **Part A (Day 1~20)** : 부활 사건을 따라가는 말씀 여정
- **Part B (Day 21~40)** : 부활 신앙으로 살아가는 제자 훈련 여정

PART **A** 부활 사건 묵상 여정 DAY 1~20

목적
- 부활 사건을 성경 흐름 속에서 체험적으로 이해
- 제자들이 경험한 변화의 과정을 따라가기

Day	본문	주제	묵상 기록 & 기도
1	요 20:1-10	빈 무덤과 믿음	
2	요 20:11-18	막달라 마리아의 만남	
3	요 20:19-23	평강의 선물	
4	요 20:24-29	의심과 확신	
5	요 21:1-14	회복의 식탁	
6	요 21:15-19	사랑과 사명	
7	눅 24:13-35	엠마오와 말씀	
8	눅 24:36-43	평강과 확증	
9	눅 24:44-45	성경 성취	
10	눅 24:46-49	증인의 사명	
11	행 1:1-3	하나님 나라 교육	
12	행 1:4-5	성령 약속	
13	행 1:6-8	땅끝 증인	
14	행 1:9-11	승천과 재림	
15	행 1:12-14	합심 기도	
16	행 1:15-20	말씀의 성취	
17	행 1:21-26	공동체의 선택	
18	고전 15:1-11	부활 복음의 핵심	
19	고전 15:12-22	부활의 필연성	
20	고전 15:35-44	영광의 몸	

Part A 묵상 안내 ●

- 매일 말씀을 읽고 3줄 기도를 기록합니다.
- "나는 지금 부활하신 주님을 어떻게 만나고 있는가?"를 질문하십시오.
- 가능하면 동일 시간에 묵상하여 영적 리듬을 형성합니다.

PART **B** 부활 제자 삶 적용 여정 DAY 21~40

목적 부활 신앙은 사건을 아는 것으로 끝나지 않습니다.
초대교회는 부활을 믿은 후 완전히 다른 삶을 살기 시작했습니다.
따라서 Day 21-40은 **부활 이후 제자의 삶이 어떻게 형성되는지를 따라가는 훈련 단계**입니다. 즉, 부활 사건 → 부활 공동체 → 부활 사명 → 부활 소망으로 이어지는 여정입니다.

Day	본문	주제	묵상 기록 & 기도
21	행 2:1-13	성령 강림과 새 공동체	
22	행 2:14-41	부활 설교와 회개	
23	행 2:42-47	초대교회 삶	
24	행 3:1-10	치유와 증언	
25	행 4:1-13	담대한 증인	
26	행 4:32-37	나눔 공동체	
27	행 5:17-32	핍박 속 증언	
28	행 6:1-7	섬김의 사역	
29	행 7:54-60	스데반의 순교	
30	행 8:4-8	흩어짐 속 선교	
31	행 9:1-19	바울의 회심	
32	롬 6:3-11	새 생명의 삶	
33	롬 8:11	부활 생명의 능력	
34	고후 5:17	새로운 피조물	
35	빌 3:10-11	부활 능력 체험	
36	골 3:1-4	위의 것을 찾으라	
37	벧전 1:3-9	산 소망	
38	히 12:1-2	믿음의 경주	
39	계 1:17-18	살아계신 주님	
40	계 21:1-5	새 하늘과 새 땅	

Part B 묵상 안내

▶ **Day 21-40은 시험이나 숙제가 아닙니다.**

✔ 하루 한 구절만 읽어도 됩니다.

✔ 본문 전체가 아니라 핵심 메시지만 붙잡아도 충분합니다.

✔ 목표는 완주가 아니라 부활로 살아보기입니다.

추천 방식

• 월~금 묵상 / 주말 자유 정리

• 또는 주 5회 진행

**40일 부활
신앙 선언**

나는 오늘 고백합니다.

예수 그리스도는 참으로 부활하셨으며,

그 부활의 생명이 지금 내 안에 역사하고 있습니다.

나는 더 이상 두려움에 묶이지 않겠습니다.

나는 절망에 머물지 않겠습니다.

나는 부활의 평강과 소망 안에서 살아가겠습니다.

이제 나는 부활을 아는 사람이 아니라,

부활로 살아가는 제자입니다.

1. 부활 증거 카드 활동

진행 방법

단계	내용
STEP 1	부활 증거 카드 배부 (빈 무덤, 목격자, 제자 변화 등)
STEP 2	조별로 성경 본문 연결
STEP 3	"왜 이것이 부활 증거인가?" 설명
STEP 4	전체 보드 완성
STEP 5	대표 발표

목적

• 지식 → **체험적 확신** 전환
• 듣는 신앙 → 설명하는 신앙

2. 개인 적용 - 나의 부활 확증 고백

• **작성**

  내가 가장 확신하게 된 부활 증거 :

  _____

  _____

  이 확신이 내 삶을 바꾸는 이유 :

  _____

  _____

• **추천 성구 :** 눅 24:32; 행 10:41; 고전 15:6

3. 소그룹 간증 나눔

- 각자 2분 나눔 :

  - 내가 부활을 믿게 된 계기
  - 말씀 체험
  - 기도 응답
  - 역사적 확신

- **성구 :** 히 10:24-25

4. 실천 과제 - 1분 부활 전도

부활의 핵심 메시지를 1분 안에 간단히 전해 보는 전도 훈련

예시

"예수님의 부활은 수많은 목격자와 제자들의 변화로 증명됩니다.
 저는 지금도 살아계신 주님을 경험합니다."

5. 합심 기도

"주님, 부활의 믿음이 머리의 지식이 아니라 마음의 확신이 되게 하소서."

6. 오늘의 성장 선언

"나는 역사 속에서 살아나신 예수님을 믿는다.
 그분은 오늘도 내 삶의 주인이시다."

1. 오늘의 평강 점검표

✅ 부활의 주님이 오늘 내 안에 계십니다.
✅ 나는 그 평강 안에 서 있는지 점검해 봅니다.

영역	스스로에게 묻기	체크		
마음	나는 오늘 불안보다 평강이 더 큰가요?	☺	☹	☹
관계	미루고 있는 용서가 있지는 않나요?	☺	☹	☹
사명	두려움보다 믿음으로 한 걸음 내딛었나요?	☺	☹	☹
미래	걱정보다 소망으로 하루를 시작했나요?	☺	☹	☹

➡ 작은 변화가 부활 신앙의 시작입니다.

2. 부활 제자 사명 선언문

● **빈칸을 채우며 기도해 보십시오.**

"나는 부활의 주님을 믿습니다.

나는 _____ 자리에서

그리스도의 평강과 소망을 전하는 증인으로 살아가겠습니다."

➡ 오늘의 자리에서 부활은 시작됩니다.

3. 하루 동행 기도 기록지

✅ 하루를 마치며 부활의 주님과 동행한 순간을 기록해 보십시오.
✅ 길게 쓰지 않아도 됩니다. 한 문장으로 충분합니다.

날짜	오늘의 기도	느낀 은혜	감사 제목
4/3	주님, 오늘 마음의 염려를 맡깁니다.	말씀 묵상 중 평안을 경험함	마음을 지켜주심
4/4	만나는 사람을 사랑으로 대하게 해 주세요.	화낼 상황에서 참고 기도함	관계를 회복하게 하심

날짜	오늘의 기도	느낀 은혜	감사 제목

▶ **기록 안내**

- 특별한 사건이 없어도 괜찮습니다.
- 작은 은혜를 기록할수록 부활의 삶이 보이기 시작합니다.
- 기록은 신앙을 기억으로 남기고, 기억은 믿음을 자라게 합니다.

4. 의심에서 확신으로

✔ 믿음은 의심을 부정하는 것이 아니라, 말씀으로 통과하는 과정입니다.

나의 마음	말씀 안에서 찾은 확신
"나는 흔들립니다."	"주님은 살아 계십니다." (요 20:28)

➡ 의심이 끝이 아니라, 확신으로 가는 길이 되게 하십시오.

5. 천국 소망 고백문

● **마지막 순간을 상상하며 써 보십시오.**

내 인생의 마지막 고백은

_____ 입니다.

"예수 그리스도의 부활이 나의 영원한 소망입니다."

➡ 부활을 믿는 사람은 오늘을 다르게 삽니다.

부록 6 부활 신앙 7주 제자훈련 로드맵

1. 부활 제자 성장 단계

주차	주제	핵심 훈련	목표
1주	부활의 증거	변증 이해	믿음 확신
2주	평강	예배 회복	내면 치유
3주	말씀	엠마오 묵상	해석 변화
4주	공동체	나눔 훈련	관계 회복
5주	용서	사랑 실천	십자가 삶
6주	증언	1분 복음	담대함
7주	파송	사명 선언	제자 삶

2. 개인 성장 체크표 ☑

항목	시작	진행	정착
예배	☐	☐	☐
말씀	☐	☐	☐
사랑	☐	☐	☐
전도	☐	☐	☐

3. 공동체 파송 예식(마지막 주)

지도자 선언

"여러분은 이제 부활을 단지 믿는 사람이 아니라
부활로 살아가는 제자입니다."

MEMO

KMTS(Kingdom Ministry Training System: 하나님 나라 사명자 훈련 시스템)는 말씀과 성령으로, 하나님 나라의 사명자를 세우는 사역자 훈련 로드맵이자 교육 백본입니다.

KMTS 훈련 여정 개요 (THEOLOGICAL FLOW OF THE KMTS CORE SYSTEM)

KMTS는 말씀에서 시작하여 선교로 완성되는, 11단계의 성경적 사역자 훈련 여정을 따릅니다. 이 여정은 단순한 교재의 순서가 아니라, 성도 한 사람의 영적 성숙과 사명 완성을 향한 훈련 로드맵입니다.

1 말씀 (Word Foundation)
성경 다이어트 시리즈

말씀의 기초를 세우고, 하나님의 창조 질서와 계시의 원리를 배우는 단계

2 복음 (Gospel Center)
예수님 신비 시리즈

예수 그리스도의 인격과 사역을 중심으로 복음의 본질을 깊이 체험하는 단계

3 사명 (Calling & Mission)
사명자의 길 시리즈

부르심의 의미와 사명자의 삶을 배우며, 제자의 길을 결단하는 단계

4 성령 (Spirit Empowerment)
성령 리바이벌 시리즈

성령의 능력과 인도하심을 체험하고, 영적 은사를 활성화하는 단계

5 영적전쟁 (Spiritual Warfare)
하나님의 군대 시리즈

사단과 세상 속의 영적 전쟁에서 승리하는 전략과 무장을 배우는 단계

6 예배 (Worship & Presence)
하늘 경배 시리즈

하늘 보좌의 예배와 하나님의 임재를 경험하며, 참된 경배자의 삶을 세우는 단계

7 기도 (Prayer & Intercession)
기도 영성 시리즈

주기도문과 중보기도를 중심으로, 개인과 공동체의 기도 루틴을 확립하는 단계

8 성품 (Character & Holiness)
하나님의 형상 성숙 시리즈

성령의 열매와 인격 성숙을 통해, 성화의 여정을 훈련하는 단계

9 치유 (Healing & Restoration)
치유·회복 시리즈

내적·가정·공동체의 치유를 경험하고, 관계 회복과 용서의 능력을 배우는 단계

10 부흥 (Grace & Renewal)
은혜·부흥 시리즈

회개와 헌신을 통한 개인과 교회의 영적 부흥을 촉진하는 단계

11 선교 (Mission to the Nations)
하나님의 심장 선교 시리즈

복음의 열방 확장을 향해 나아가며, 하나님 나라의 비전을 실천하는 단계

■ KMTS CORE 77 로드맵

	시리즈	핵심 주제	핵심 교재 (7권)
1	성경 다이어트 (여행)	말씀 기초	① 성경 다이어트 여행 학교 / ② 굿모닝 창조와 희망 학교 / ③ 굿모닝 믿음 학교(새가족) / ④ 룻기 헤세드 학교 / ⑤ 요나서 선교 비전 학교 / ⑥ 하박국 믿음 학교 / ⑦ 말씀의 성육신화 학교
2	예수님 신비	복음의 중심	① 예수님 성탄과 이름 신비 학교 / ② 예수님 사역 신비 학교 / ③ 예수님 십자가 신비 학교 / ④ 예수님 가상칠언 신비 학교 / ⑤ 예수님 보혈 신비 학교 / ⑥ 예수님 부활 신비 학교 / ⑦ 예수님 재림 신비 학교
3	사명자의 길	부르심과 사명	① 마리아 신앙 학교 / ② 영적 장자권 학교 / ③ 축복의 사명자 학교 / ④ 재정 청지기 학교 / ⑤ 영적 나실인 학교 / ⑥ 제직 사명 학교 / ⑦ 가룟유다 배신 학교
4	성령 리바이벌	능력과 인도	① 성령 침례 학교 / ② 성령 어노인팅 학교 / ③ 4차원 영성 훈련 학교 / ④ 성령 은사 활성화 학교 / ⑤ 성령 나팔소리 학교 / ⑥ 꿈과 환상 계시 학교 / ⑦ 예언 사역 학교
5	하나님의 군대	영적 전쟁	① 천사 사역 학교 / ② 전신갑주 학교 / ③ 사단 승리 학교 / ④ 골리앗 승리 학교 / ⑤ 여리고 점령 학교 / ⑥ 기드온 300 용사 승리 학교 / ⑦ 아마겟돈 승리 학교
6	하늘 경배	예배·임재	① 시은좌 경배 학교 / ② 성막 신비 학교 / ③ 다윗의 장막 학교 / ④ 제사와 절기 신비 학교 / ⑤ 예배와 경배 실전 학교 / ⑥ 하늘 보좌 경배 학교 / ⑦ 천상 예배자 학교
7	기도 영성	기도·중보	① 주기도문 기도 학교 / ② 예수님 기도 학교 / ③ 다니엘 기도 학교 / ④ 한나 기도 학교 / ⑤ 안수 기도 학교 / ⑥ 성경적 중보기도 학교 / ⑦ 삼겹줄 기도 학교
8	하나님의 형상 성숙	성품·거룩	① 참된 경건 학교 / ② 사랑의 길 여행 학교(고전 13장) / ③ 크리스천 대화법 학교 / ④ 섬김 리더십 학교 / ⑤ 소그룹 리더 학교 / ⑥ 성령 열매 학교 / ⑦ 마지막이 더 영광스러운 제자 학교
9	치유·회복	개인·가정·공동체	① 내적 치유 학교 / ② 용서와 화해 학교 / ③ 예수님의 몸 치유 학교 / ④ 권위·가문 상처 치유학교 / ⑤ 다음세대 축복 학교 / ⑥ 저주와 축복 회복 학교 / ⑦ 가정 축복 학교
10	은혜·부흥	회개·갱신	① 성소 회개 학교 / ② 은혜 헌신 학교 / ③ 365 감사 기적 학교 / ④ 사랑과 갈등 해결 부흥 학교 / ⑤ 크리스천 안식 학교 / ⑥ 부흥 불씨와 열매 학교 / ⑦ 축복 나눔 학교
11	하나님의 심장 선교	하나님 나라 확장	① 킹덤 비전 선교 학교 / ② 구약 선교 학교 / ③ 신약 선교 학교 / ④ 전도와 제자화 학교 / ⑤ 디지털 문화 선교 학교 / ⑥ 일터 선교 학교 / ⑦ 세계 선교와 동역 학교

■ KMTS 교재의 특징

❶ 성경적 기초부터 사명 완수까지 아우르는 완성형 사명자 훈련

성경 기초 → 예수님 중심 → 사명 → 성령 → 영적 전쟁 → 예배 → 기도 → 성품 성숙 → 치유·회복 → 부흥 → 선교. 목회 및 선교 현장에서 15년 ~ 1세대 사명자 훈련 커리큘럼으로 바로 적용 가능합니다.

❷ 머리·가슴·손발을 함께 세우는 균형 잡힌 성장 구조

성경적 지식 + 영적 체험 + 실제 삶의 적용이 조화를 이룹니다.

❸ 실습·적용 중심의 훈련 커리큘럼

단순한 성경공부가 아니라, 매 강의마다 생활 속 '실천 과제'가 포함됩니다. 주일 설교, 소그룹 모임, 제직 훈련과 자연스럽게 연결됩니다.

❹ 모든 세대와 사역 현장에서 활용 가능한 유연성

청년부, 장년부, 여성 사역, 직분자 훈련, 단기 특강, 장기 제자훈련 등 규모와 연령, 상황에 맞게 쉽게 적용 가능합니다.

❺ 교회 절기·행사와 맞물린 전략적 활용

특별 기도회 뿐 아니라 교회력과 교육 사역이 유기적으로 연결되어, 절기마다 새로운 은혜를 경험합니다.

❻ 장기적 훈련 로드맵이 자동 제공

교회가 성장해도, 사역자가 바뀌어도 훈련 체계가 지속 유지됩니다. 교회 사역자 교육의 백본(Backbone) 역할을 합니다.

❼ 목회자와 교회의 브랜드 가치 상승

훈련 중심·영성 중심 교회라는 명성이 세워집니다. 목회자의 사역도 체계적인 사역자 교육 시스템 위에서 더 힘있게 전개됩니다.

KMTS는 교회의 모든 성도를 말씀과 성령과 사명 위에 세워, 한 세대를 책임지는 하나님 나라 사역자를 길러내는 리더십 통합 훈련 플랫폼입니다. 교재는 순차적으로 발행되고 있습니다 (교재 문의: 010-6740-4739).

■ KMTS 교재

『축복의 사명자 학교』

핵심 강의

- 축복의 근원이신 하나님 – 변치 않는 복의 원천을 발견하다
- 축복의 권세와 사명 – 복을 맡은 자로서의 부르심
- 축복의 대상과 믿음의 자세 – 복을 흘려보내는 마음의 태도
- 축복과 사랑의 터치 – 관계를 회복시키는 손길의 힘
- 예언적 자기 축복 – 말씀을 나에게 선포하는 훈련
- 예언적 타인 축복 – 하나님의 약속을 이웃에게 흘려보내기
- 축복의 실천과 확산 – 일상과 세상으로 흘려보내기

축복의 권세와 사명, 축복의 실제와 적용에 대한
훈련 교재

『굿모닝 창조와 희망 학교』

핵심 강의

- 태초에 (창 1:1–2) – 창조의 시작과 하나님의 계획
- 빛이 있으라 (창 1:3–5) – 어둠을 밝히는 희망의 선언
- 하늘·땅·바다 (창 1:6–10) – 질서와 아름다움의 설계
- 씨와 열매 (창 1:11–13) – 공급의 하나님과 씨의 비밀
- 해·달·별 (창 1:14–19) – 일상의 법칙 속에 흐르는 신실하심
- 바다와 하늘의 생물 (창 1:20–23) – 다양성과 번성의 축복
- 사람을 창조하시니 (창 1:26–28) – 형상·권위·돌봄의 균형
- 심히 좋았더라 (창 1:31) – 창조의 완성과 굿모닝 소명

창세기 1장의 하나님의 창조 이야기가 전하는
긍정과 희망의 영성 훈련 교재

예수님 신비 시리즈 6 (KMTS CORE 13)

예수님 부활 신비 학교
Jesus' Resurrection Mystery School

초판 1쇄 발행 | 2026년 4월 1일

기획·편집 | GLIM 성경리더십연구원 (원장 홍영기)
발행인 | 홍영기
발행처 | 글림출판사 (GLIM PRESS)
판매유통 | 글림리더십출판센터

등록번호 | 제 2025-000085호
주 소 | 경기도 김포시 장기동 1929-3
전 화 | 010-6740-4739
이메일 | glimleadership@gmail.com
홈페이지 | www.glimleadership.org

디자인 | GLIM Design Studio (이영이 실장)

ISBN | 979-11-996842-5-6 (03230)
책 가격은 뒤표지에 있습니다.

글림출판사(GLIM PRESS)는 '빛나다(glim)'의 뜻처럼, 영성과 리더십을 세우고 각 사람의 사명이 세상 속에서 빛나도록 돕는 책과 콘텐츠를 출판합니다

본 교재는 글로벌리더십선교회(Global Leadership Institute Missions)의 KMTS(사명자 훈련 시스템) 시리즈 교재입니다. 구입자는 교회, 신학교, 선교지 등 다양한 사역 현장에서 본 교재를 리더십 훈련과 교육 목적으로 사용할 수 있습니다.

단, 무단 복제 및 전자 파일 배포, 상업적 재판매를 금합니다.